LETTRES
INÉDITES
DE L'ABBÉ MORELLET.

IMPRIMERIE DE DAVID, RUE DU POT-DE-FER.

LETTRES
INÉDITES
DE L'ABBÉ MORELLET,

MEMBRE DE L'ACADÉMIE FRANÇAISE,

SUR L'HISTOIRE POLITIQUE ET LITTÉRAIRE
DES ANNÉES 1806 ET 1807,
POUR FAIRE SUITE A SES MÉMOIRES.

VERITAS OMNIA VINCIT.

PARIS,
A LA LIBRAIRIE FRANÇAISE
DE LADVOCAT, PALAIS-ROYAL,
GALERIE DE BOIS, N° 195.
M. DCCC. XXII.

TABLE DES LETTRES

FAISANT SUPLÉMENT

AUX MÉMOIRES DE L'ABBÉ MORELLET.

*Lettres de l'abbé Morellet à M. le comte de R******, ministre des finances à Naples.*

FIN DE LA TABLE.

LETTRES

DE L'ABBÉ MORELLET,

A M. LE COMTE R******,

MINISTRE DES FINANCES A NAPLES.

LETTRE Ire.

Paris, le 1er mai 1806.

Mon cher disciple, qui, par tant de côtés, êtes bien au-dessus du maître, je n'aurais besoin que d'un prétexte pour saisir une occasion de me rappeler à votre souvenir dans l'éloignement où vous vous êtes mis de nous, vraisemblablement pour long-temps; mais, j'en ai une raison, une bonne raison. Vous n'ignorez pas, car je vous en ai parlé souvent, combien j'ai lieu de me louer des complaisances et de la bienveillance effective de M. d'A***, propriétaire de la belle maison que j'habite, et où j'occupe, pour un prix extrêmement modique, le logement que vous connaissez. Ce seul procédé m'attacherait à lui, à raison de l'extrême importance dont il est pour moi, d'être logé grandement pour mes livres et mes papiers, que ma fortune, et à présent mon âge ne me permettent plus de colloquer, ni de transporter, de sorte qu'il est vrai de dire, que si j'étais forcé de déménager, je serais en même temps contraint de vendre mes livres et de brûler tout ce que vous connaissez, chez moi, de noir mis sur du blanc depuis 60 ans que je barbouille du papier; mais, de plus, j'éprouve de mon bienveillant propriétaire tant d'égards et de politesses, que je me crois dans l'obligation fort douce, de le servir de tous mes faibles moyens. Or, vous paierez ma dette, si vous voulez bien favoriser, auprès de Sa Majesté (1) (que je regrette de ne pouvoir plus appeler, comme je faisais, *votre excellent prince Joseph*), si vous favorisez, dis-je, la pétition que je vous adresse en faveur de deux jeunes gens, parens de M. d'A***, qui demandent du service dans les pages de Sa Majesté, ou dans sa garde, si, comme on le croit, on pense à en former une en sujets de quelque distinction. Ceux pour lesquels on sollicite cette faveur sont, comme le mémoire l'expose, ce qu'on appelait anciennement des gens de condition. Ils ont de la fortune, ils sont jeunes, grands et bien faits. Il me semble que ce sont là de fort bons

---

(1) Joseph Bonaparte (*Note de l'Éditeur.*)

titres. M. d'A*** en a écrit à M. de Jaucourt (1), sans lui avoir envoyé, je crois, de mémoire. Je vais voir Mme R*** aujourd'hui même, pour la prier de se charger de vous faire parvenir mon paquet par les voies prochaines et sûres qu'elle connaît sans doute. Je vous prie en même temps, et à cette occasion, de rappeler à Sa Majesté mon nom, comme celui d'un homme qui regrette vivement de ne pouvoir plus faire sa cour à un prince éclairé, bienfaisant, ami des lettres, accessible et bon, etc., abstraction faite de sa grandeur.

Je vous prie aussi de dérober quelques momens aux grandes occupations qui vous attendent, pour m'écrire quatre lignes que je puisse montrer à M. D'A***, et qui lui prouvent que j'ai fait tout ce que j'ai pu pour le servir dans cette occasion.

Je voudrais bien pouvoir ajouter à ma lettre quelques nouvelles qui puissent la faire accueillir favorablement. Par exemple, voulez-vous savoir ce qui est arrivé ces jours-ci à la pauvre Mme de Staël? Elle avait demandé à Bidermann de lui prêter se maison de Veücelle, près d'Auxerre, pour y passer quatre à cinq mois, et elle était déjà à Lyon. Bidermann a cru sage de faire demander par Lacretelle à Fouché, s'il y avait quelque obstacle, quelque inconvénient à cela. Le ministre a ré-

---

(1) Premier chambellan du roi Joseph (*Note de l'Éditeur.*)

pondu : *Qu'elle s'en garde bien, et je vais lui envoyer un exprès à Lyon, pour lui signifier de nouveau les intentions de l'Empereur.*

Voulez-vous que je vous dise aussi que M. de Breteuil a été présenté hier à l'Empereur; qu'au sortir de là, il est venu chez M. Dalberg, où dînaient, ainsi que moi, Mme Visconti, Mme de Souza, arrivée il y a trois jours, et un monde de Bavarois et de Badois.

Voici encore une nouvelle plus fraîche. Comme j'étais vous griffonnant ceci, je reçois une pancarte de Lacépède, par laquelle je suis fait membre de la Légion-d'Honneur. Vous voyez que je puis dire qu'enfin on rend justice à mon grand mérite, et qu'il vaut mieux tard que jamais.

Si vous désirez savoir des nouvelles de l'Académie, je vous dirai que votre absence me fait beaucoup de peine, attendu que la critique minutieuse et malveillante de Timoléon Chénier s'envenime tous les jours à tel point, que, mercredi dernier, il s'est avisé de m'adresser quelques personnalités que j'ai rétorquées d'une assez bonne manière. Mais cette lettre est toute propre à détourner du but auquel vous savez que je tends avec assez de zèle et de bonne foi pour mériter d'être encouragé dans la carrière, au lieu de voir mettre des pierres sur mon chemin.

Il y a une fort bonne petite brochure d'un M. de Barolle, que vous devez connaître, contre le sot livre du jeune pédant M***. Du reste, stérilité parfaite, attendu la grande liberté de la presse, qui fait sans doute qu'au milieu de la grande quantité de matières qu'on peut traiter, on ne se fixe sur aucune.

Nous continuons d'avoir une queue d'hiver pour tout printemps. En pensant à vous écrire cette platitude, je me suis rappelé ce qu'un chevalier de Lorenzi, célèbre par ses niaiseries, disait devant moi à un prince Galitzin, par un mois d'avril assez chaud : *Monsieur le comte, que dit-on de ce chaud-là en Russie?* où la Néva ne dégèle qu'au mois de mai, et dont les nouvelles ne pouvaient guère être que d'un mois de date. C'est précisément la même sottise que je vous écris, pour vous divertir de vos grandes affaires. Si notre littérature avait mieux que cela à vous fournir, et si je n'étais pas si vieux, je vous proposerais de me faire donner un emploi de chargé des affaires littéraires de S. M. le roi des Deux-Siciles à Paris; mais, comme je vous l'ai dit dans ma chanson, ma quatre-vingtième année a commencé le 7 mars 1806, et je n'ai plus, comme le dit le bon La Fontaine,

> Qu'à sortir de la vie, ainsi que d'un banquet,
> Remerciant mon hôte, et faisant mon paquet.

A propos de ma chanson, ou de mes deux chansons, elles ont un succès fou : tout le monde veut les entendre.

Je ne sais si c'est avant ou depuis votre départ qu'il est arrivé au pauvre Dupont quelque désagrément pour sa brochure sur la Banque : j'entends des désagrémens en paroles, mais sèches, et venant de bien haut. Savez-vous, mon cher disciple, ce que j'ai envie de faire, avant de mourir, pour la cause que nous plaidons vous et moi depuis si long-temps, de la liberté de la presse? Je vais composer une belle Dissertation sur l'inutilité, l'inefficacité, la nullité de tout ce qu'on imprime, et mes preuves seront si fortes et mes exemples si nombreux, que les chefs des nations diront tous : Il faut les laisser écrire, puisque rien de ce qu'ils écrivent ne nous empêche de rien faire. Ne trouvez-vous pas mon projet excellent? Envoyez-moi vos observations; je les fondrai dans mon ouvrage, ou je les mettrai en notes, et nous irons ensemble à l'immortalité.

Il est temps de finir mon interminable lettre, dont j'ai été obligé de faire transcrire la minute pour ne pas passer une matinée à cette transcription; mais, puisque j'ai tant fait que de me mettre en *coqueterre* avec vous, je veux vous faire chère de vilain et mettre tout par écuelles. Pour cela, je m'avise que je puis vous envoyer mes chansons, et j'y joins la musique écrite de ma main, afin que vous puissiez chanter les cantiques de Sion dans une terre étrangère. Mais tâchez de trouver quelqu'un de nos compatriotes qui chante mieux que vous, car je n'ai pas grande idée de votre talent en ce genre, et vous savez que

> Les vers sont enfans de la lyre,
> Il faut les chanter, non les lire (1).

Ce qui n'est vrai que des vers mis sur un chant : car, malheur à un acteur de comédie qui chante les vers de Racine. Je ne sais pas si M. de Jaucourt ou M. de Girardin, au souvenir desquels je vous prie de me rappeler, sont plus habiles que vous ; mais enfin je veux bien courir le risque de n'être que lu. Au reste, je dois vous dire que j'ai chanté mes chansons entre Cambacérès et Portalis et en face de Talleyrand, qui en ont fort bien ri tous les trois. Hélas ! je ne sais guère si vous avez le temps de chanter ni d'entendre chanter. *Pacis artes silent intrà Martis incendia.*

Je ne sais s'il est possible aujourd'hui d'entendre sur votre beau théâtre quelque bel opéra comme ceux que j'ai entendus, il y aura bientôt cinquante ans. Napoléon et Dieu nous donnent la paix, sans laquelle on ne chante pas : on la demande ici, et je puis dire : *Hîc et ubique terrarum.*

Je vous salue et vous embrasse,

MORELLET.

---

(1) Ces chansons sont imprimées.

Pièce jointe à la première lettre.

Demande de service dans les Pages, dans les Gardes, dans la Marine, ou toute autre destination,

*Pour Étienne L. A. d'A*****, âgé de 17 ans, et pour Jacq. F***, âgé de 16.*

Etienne-Louis-Auguste D'A*** tient à une famille qui s'est distinguée dans la carrière militaire. Un de ses ancêtres, le chevalier Jean D'A***, se distingua dans la malheureuse bataille de Pavie, et fut fait prisonnier, en défendant François Ier, qu'il accompagna dans sa captivité.

Ce jeune homme est d'une taille et d'une figure avantageuses, et annonce les meilleures qualités.

Son oncle était exempt des gardes-du-corps, sous Louis XV. Il mourut avant la révolution, après avoir mérité les décorations militaires alors existantes.

Jacques F*** descend, par les femmes, de la même famille. Il est également d'une taille et d'une figure heureuses et est neveu du même.

Son père occupait, avant la révolution et occupe encore aujourd'hui, une des premières places de la magistrature.

Tous deux sollicitent la grâce d'être admis dans telle partie du service qu'il plairait à Sa Majesté de désigner, et chercheraient par leur zèle, à lui témoigner leur reconnaissance.

LETTRE II.

Octobre 1806.

Mon cher confrère, en institut et en économie publique, vous n'aviez pas besoin de vous mettre en frais pour justifier à mes yeux le retardement de votre réponse. Quelque chose que j'en aie dit à Mme R***, je n'en ai pas été fâché sérieusement. Je sais trop le droit de préférence qu'ont les affaires importantes, et je n'ai jamais douté qu'en vous rapprochant de sa personne, le roi ne s'aidât de vos lumières, pour donner une administration raisonnable à un pays qui n'en a point, ou plutôt qui a toujours eu la pire des administrations qu'on connaisse sur le continent. Il y a longtemps que j'en ai pris cette idée, lorsque j'y ai passé deux mois, en 1758. Il y a tout-à-l'heure cinquante ans. J'ai souvent eu, à mon retour en France, des conversations à ce sujet, avec M. de Malesherbes, et l'une de ces conversations se trouve dans une petite lettre imprimée que je lui ai adressée, et qui a pour objet les lois prohibitives relatives au commerce des grains.

C'est une belle entreprise que celle de nettoyer ces étables d'Augias; mais puisque vous avez mis la main à ce travail, comment avez-vous pu penser que vous nous reviendriez? Malgré l'espoir que vous m'en donnez, je suis trop vieux pour me flatter de pouvoir, dans mes derniers hivers, radoter au coin de votre feu. Mais je ne saurais vous détourner d'une si belle carrière. C'est un but si noble que celui de faire du bien à un peuple entier! C'est là l'ambition des grandes âmes, la seule qui rende heureux ceux qui s'y livrent et qui laisse bien loin derrière elle celle des conquêtes. C'est pour celle-là seule qu'on peut faire d'aussi grands sacrifices; quitter son pays, ses amis, ses habitudes, et surtout les charmes de la société, dans le pays où ils sont le mieux sentis, et peut-être le seul où on puisse les assembler autour de soi. Votre prince, lui-même, vous donne l'exemple de ce dévouement. Puisse-t-il en être récompensé par le succès! Puisse-t-il faire que ce paradis de l'Europe, habité, selon le proverbe italien, par des diables, le soit désormais par des hommes bons, parce qu'ils seront heureux!

Je viens maintenant à ce qui me regarde et à la marque d'extrême bonté que veut bien me donner Sa Majesté, sur votre simple indication. En saisissant si promptement cette idée de correspondance littéraire, et la présentant à Sa Majesté, vous m'embarrassez beaucoup. Autant qu'il m'en souvient, je vous ai écrit que *si j'étais moins vieux de quelques vingt années*, je solliciterais l'honneur d'être chargé d'une mission de ce gere, mais mon âge et une faiblesse d'yeux, qui fait tous les jours des progrès, et qui, selon Wenzel et Forlenze, que j'ai consultés tous les deux, me menace d'une cataracte, ne me permettent guère de la remplir d'une manière digne du prince que je m'honorerais de servir. Je ne puis suivre les théâtres qui sont notre grande littérature, depuis que beaucoup d'autres objets ont été interdits ou négligés. Mes yeux ne peuvent supporter la chaleur et les lumières des spectacles; ils sont même trop faibles pour lire toutes les productions de nos poëtes, dont nous pouvons dire : *Multiplicasti gentem et non multiplicasti lætitiam.* Je ne parle pas des romans, que je ne suppose pas pouvoir entrer dans une correspondance de ce genre. Quant aux querelles littéraires, elles sont encore bien moins dignes d'aucune attention pour celui qui en a tant d'autres à apaiser.

Restent les ouvrages de grande politique et ceux d'économie publique. Les premiers sont un fer encore rouge, qu'on ne saurait toucher sans se brûler. Les derniers seraient donc les seuls dont je pourrais faire le fonds de ma correspondance, ils me sont plus familiers qu'aucun autre, mais le nombre des ouvrages nouveaux de ce genre, est bien petit, vous le savez; la plupart, faits dans des principes opposés à ceux que j'ai professés depuis plus de cinquante ans, donneraient lieu à des discussions qui pourraient déplaire.

Dans cette disette d'ouvrages nouveaux de quelqu'utilité, je ne vois en moi de ressources, pour remplir, le moins mal que je pourrais, les intentions de Sa Majesté, que de prendre dans le magasin de papiers, que vous connaissez, distribués dans les cases que vous avez vues vingt fois chez moi, et où vous avez bien voulu quelquefois puiser, tout riche que vous êtes. Quelques parties de ces matériaux, d'un ouvrage qui ne verra jamais le jour, échapperont peut-être par-là au poêle ou à la beurrière. La révolution, qui ne m'a pas permis de les assembler, pour en faire un édifice régulier, ne les empêche pas d'être taillés, au moins sur une ou deux de leurs faces, comme des moëllons destinés à entrer dans une construction projetée. Vous jugerez vous-même s'ils sont bons à quelque chose, et si vous pourrez en tirer quelque parti.

Vous me direz peut-être que des dissertations et des discussions du genre de celles dont je vous parle, ne seront pas amusantes et qu'en désirant d'établir cette correspondance, Sa Majesté doit y trouver quelque relâche à ses travaux, quelque dissipation; que c'est avec ses ministres qu'elle discutera les questions d'économie publique, dont la décision formera les maximes de son gouvernement; qu'elle attend d'un correspondant littéraire quelques notions de l'état de notre littérature, à laquelle elle continue de mettre beaucoup d'intérêt. A cela, mon cher confrère, je n'ai pas de réplique, si non celle de l'homme champêtre :

J'offre ce que j'ai.

A mon âge on ne produit plus rien; on ne peut servir à ses convives que les provisions qu'on a amassées dans l'hiver de ses ans. L'homme, ainsi que l'ours, ne peut que lécher ses pattes. Ne me voyez-vous pas dans mon cabinet vert, construit au milieu de ma chambre, comme l'ours des montagnes, enfermé dans le creux de son arbre pendant la grande rigueur du froid?

N'allez pas croire pourtant que je vous tiendrai à l'économie publique pour toute nourriture : il y a nombre de questions morales et philosophiques qui sont en même temps éminemment littéraires et qui sont bien plus intéressantes à discuter, que le plan d'une tragédie pour savoir s'il est bien ou mal conçu. Vous et moi nous avons agité cent fois ces questions dans la conversation, sans arriver à un résultat. Lorsqu'on les traite la plume à la main, on est bien forcé de conclure, et des discussions de ce genre pourront, ce me semble, être agréables à Sa Majesté.

Je ne dis pas non plus que je ne vous enverrai point de littérature pure si quelqu'ouvrage m'en donne l'idée, mais ce sera avec une extrême sobriété.

Je dois convenir avec vous de la forme de ma correspondance ; je crois que la plus simple est celle que je prends ici en vous adressant ce discours : elle me laisse plus de liberté dans mes mouvemens en me dispensant des formules nécessaires pour tout ce qu'on adresse à Sa Majesté. Si d'ailleurs cette méthode n'était pas approuvée, je me conformerai à celle qui me sera prescrite.

J'entre en matière par un petit essai sur une question de droit public qui me tombe sous la main dans l'immensité de papiers que j'amasse depuis plus de cinquante ans, et qui me menace du sort du Cassius d'Horace :

Capsis quem fama est esse librisque
Ambustum propriis.

Que si vous le trouvez mauvais ou hors de propos vous pourrez le brûler, avant moi et sans moi, en avancement d'hoirie.

Quelques vues sur la Prescription.

On se propose ici de recueillir quelques idées sur une question de droit public qui peut être de quelqu'intérêt dans les circonstances présentes.

Tout le monde sait que la prescription est une loi qui assure aux possesseurs la propriété d'un bien, après une possession de fait qui a duré le temps fixé par la loi.

Les droits attachés par tous les codes des nations policées à la prescription, sont fondés sur l'utilité générale du genre humain, qui demande impérieusement que toute propriété ait un maître.

« La prescription, selon Domat, a sa justice et » son équité fondée sur ce principe, que la pos- » session étant naturellement liée au droit de pro- » priété, il est juste de présumer que, comme c'est » le maître qui doit posséder, celui qui possède » doit être le maître, et que l'ancien propriétaire » n'a pas été privé de sa possession sans de justes » causes. » Liv. III, section IV.

Et un peu plus bas : « Comme la prescription a » été établie pour le bien public, et afin que la » propriété des choses ne demeurât pas incertaine, » celui qui a acquis la prescription n'a pas besoin » de titre, et elle lui en tient lieu. »

La prescription peut se présenter à des esprits peu attentifs comme favorable à l'usurpateur et ennemie des propriétaires légitimes ; et il est en effet possible qu'en un petit nombre de cas elle couvre l'usurpation ; mais, pour un de ces cas, il en est des milliers où elle est la sauve-garde de la propriété réelle et légitime, originairement fondée sur le travail, et sans laquelle le travail qui féconde le sol n'aurait pas lieu, ce qui serait funeste à la société.

Comme en droit civil on a reconnu pour père celui que l'union conjugale indique, on a été conduit, par les mêmes et de plus puissans motifs, à tenir pour propriétaire de chaque portion de terre celui qui la possède en la cultivant, ou la faisant cultiver, et qui a contracté ainsi avec elle une union intime. Cette union est, ainsi que l'union conjugale, consacrée par la possession non contredite, telle que celle d'après laquelle la prescription s'établit. Des deux côtés on a attaché la possession au possesseur. Enfin pour achever ce rapprochement, comme c'est surtout en faveur des enfans, fruit de l'union des deux sexes, que le lien du mariage a été fortifié de toute la puissance des lois, c'est en faveur de la multiplication des productions du territoire qu'on a établi la prescription.

Ce sont ces avantages de la prescription qui l'ont fait appeler, par les anciens jurisconsultes, la patrone du genre humain, *patrona generis humani.*

Ces mêmes principes conduisent à reconnaître la prescription entre les nations, entre lesquelles il n'y a en effet que le droit naturel antérieur à toute association ; et c'est ce qui fait dire à Puffendorf : *Qu'entre ceux mêmes qui n'ont d'autre loi commune que le droit naturel et le droit des gens, on peut alléguer, à juste titre, une possession acquise de bonne foi et conservée quelque temps sans interruption.*

Je ne sais pas que ces priviléges de la prescription aient été jusqu'à présent appliqués à la possession du pouvoir dans les chefs du gouvernement, et il me semble cependant que cette application pourrait être, en certains cas, de quelque utilité.

Si la prescription, qui assure au possesseur la jouissance des biens ordinaires, a eu pour motif d'empêcher entre les hommes la misère et les troubles naissans de l'incertitude de la propriété, le besoin n'est pas moins pressant de maintenir l'autorité établie dans les mains de ceux qui l'exercent, puisque sans cela on ne peut conserver l'ordre et la paix dans la société politique.

Si, par la première de ces raisons, lorsqu'un possesseur jouit depuis vingt ou trente ans d'une terre, d'une maison, le repos de la société demande qu'il soit regardé comme propriétaire légitime, lorsqu'un individu, jouissant de l'autorité suprême, l'exerce depuis assez long-temps pour que le corps politique ait repris ses mouvemens et toutes ses fonctions, et que sa possession ne pourrait pas être troublée sans de grands désordres et de grands malheurs, l'intérêt des peuples et de l'humanité ne demande-t-il pas que cette possession soit respectée en lui, abstraction faite de son origine, comme on en use à l'égard de celui en faveur de qui s'exerce la prescription ordinaire en matière de propriété.

Cette théorie découle nécessairement de la maxime incontestable que les peuples ne sont pas faits pour les chefs du gouvernement, quelque dénomination qu'on leur donne, mais au contraire que les chefs des gouvernemens sont faits et établis pour le bonheur des peuples.

D'après cette maxime incontestable, on ne peut vouloir renverser un gouvernement établi que lorsque le bien des peuples exige évidemment ce renversement; mais lorsque, par l'hypothèse même, un gouvernement établi maintient l'ordre public en respectant la propriété et la liberté individuelle, élever une guerre étrangère ou civile pour le renverser, répandre sur des millions d'hommes toutes les calamités, pour arracher l'autorité à ceux qui l'exercent, et la remettre en d'autres mains, c'est un projet manifestement contraire au bien de l'humanité.

Une pareille entreprise contre le possesseur actuel ne pouvant être faite qu'au nom et pour l'intérêt de la nation, ne serait légitime, qu'au cas où elle se ferait pour délivrer un peuple de l'oppression. Or ce motif ne peut avoir lieu dans l'hypothèse où nous raisonnons, d'un nouveau gouvernement qui a rétabli l'ordre et *qui respecte la liberté individuelle et la propriété*, car la nation n'a jamais d'intérêt à renverser un tel gouvernement pour s'en donner un autre; elle a au contraire un intérêt constant à le conserver et à le maintenir, nonobstant quelques vices dont il peut être entaché, mais dont il peut se corriger, qu'il est de son intérêt de corriger, et que par conséquent il corrigera plus tôt ou plus tard.

Le principe une fois admis, il reste à déterminer quel temps est nécessaire pour établir ce genre de prescription en faveur du gouvernement.

Domat fait mention de prescriptions de différentes durées comme de trente ans, vingt ans, dix ans pour les immeubles et trois ans pour les meubles, d'après différens usages du droit romain.

Je laisse aux personnes plus instruites que moi en ces matières, à choisir entre ces divers périodes. Je dirai seulement que le temps doit être court si on le règle, ainsi qu'il est juste, sur l'intérêt d'une nation, à établir et à maintenir chez elle l'ordre public.

J'ajoute que la prescription dont il s'agit ici ne doit pas courir seulement de l'époque ou le nouveau gouvernement s'est établi, mais de celle où l'ancien a été détruit. La chose qui est l'objet de la prescription doit être regardée comme vacante et abandonnée du moment où l'impuissance de l'ancien possesseur a été constatée et reconnue. Ainsi, si après le renversement de l'ancien gouvernement, il y a eu des temps d'anarchie, c'est à celui qui a fait cesser le désordre que doit profiter cet intervalle comme ajouté à la prescription qui le favorise. Ce temps est à la nation puisque les gouvernans ne sont point propriétaires, et, en l'ajoutant à la durée du gouvenement qui a fait cesser l'anarchie, on le compte au profit de la nation.

On dira peut-être que cette théorie sur la prescription ne peut être nécessaire qu'à un gouvernement qui ne serait pas d'ailleurs assis sur des bases solides et légitimes. Je répondrai à cela par l'axiôme des jurisconsultes *quod abundat non vitiat*.

Je ne dois pas oublier de dire aussi que, dans le pays dont l'étendue, la situation, les mœurs, les habitudes, le caractère national exigent une constitution monarchique et héréditaire, les avantages de la prescription que nous avons attribués au chef du gouvernement établi, s'étendent à son successeur dans l'ordre réglé par la constitution.

A ma petite dissertation de droit public, qui peut bien avoir quelque intérêt pour un bon entendeur, je joindrai quelques nouvelles littéraires telles quelles, car je ne puis pas vous en donner de bien intéressantes.

Je me suis laissé mener à la comédie avant-hier, pour voir une tragédie nouvelle, *Joseph* par M. Baour de Lormian. La versification en est assez bonne, quoique presque toujours trop emphatique, le plan vicieux, les caractères mal tracés; la reconnaissance, qui est si touchante dans la Bible, absolument gâtée pour être trop préparée et traînée. Il y a un Siméon, personnage horrible, qui occupe continuellement la scène, sans servir à rien; qu'on fait entrer dans une conspiration sans motif, à laquelle il ne peut être d'aucun secours. On y applaudit quelquefois des mots heureux, et surtout Mlle Mars en Benjamin, qui est vraiment charmante et qui débite son rôle avec une simplicité, une naïveté et une vérité qui font ressortir davantage l'emphase et l'horrible lenteur du débit de tous les autres acteurs, jouant le mot et jamais la phrase et le sens, parce qu'ils mettent huit ou dix secondes entre chaque mot. Mais je suis ridicule de vous entretenir de pièces de théâtre que vous ne connaîtrez peut-être jamais et dont les journaux vous donneront bien plus idée, si vous pouvez prendre la peine de les lire.

Il faut que je vous dise un petit événement de notre académie. Mercredi, 17 septembre, nous étions au mot *apothéose*. Fontanes rappelle à ce sujet, fort en détail, l'apothéose de Marat, et le peuple à genoux autour d'un monument élevé sur la place du Carrousel, et ses cendres portées au Panthéon en même temps que celles de Mirabeau en étaient retirées. Vous vous souvenez que cette expulsion de Mirabeau fut décrétée sur une motion de Chénier. Celui-ci croyant voir dans le détail soigneux que faisait Fontanes, le projet de rappeler un acte de ce patriotisme qu'on appelle aujourd'hui d'un autre nom, prend feu et, après quelques mots piquans va joindre Fontanes, lui parle bas comme Rodrigue au comte de Gormas, et, aussitôt que l'assemblée finit, le suit et a avec lui une nouvelle explication. Heureusement Fontanes lui proteste qu'il n'a point eu dessein de le blesser. Arnault qui les avait joint, les fait convenir que Fontanes faisant à la première assemblée la même déclaration, tout sera fini. Ce qui a été fait mercredi dernier.

Nous avons un bon nombre de nos nouveaux dévots politiques qui se font une affaire de nous ramener aux idées absurdes des théologiens sur l'intérêt de l'argent, qui le proscrivent sous le nom d'usure dont ils n'entendent pas le sens, et à qui il ne tient pas qu'on ne puisse bientôt plus trouver de capital pour aucune entreprise, parce qu'ils ne veulent pas que ceux qui en ont fassent payer les risques qu'ils courent en le prêtant, qui prétendent interdire aux particuliers, de prêter à 8 ou 9, lorsque le gouvernement emprunte à 10 et à 12; et qui font, pour établir ces absurdités, de belles dissertations dans le Mercure et dans le journal des Débats; et que voulez-vous qu'on oppose à de telles sottises après tant de volumes où on les a signalées. C'est la doctrine du profond M. Fiévée qui continue de la professer, avec l'assurance que vous lui connaissez, et qui, entr'autres belles sentences, établit que *c'est un crime de lèze-Majesté de dire que l'argent marqué de l'effigie du prince est une marchandise.*

J'ai reçu d'Angleterre et de mylord Petty, deux gros volumes *in-folio*, contenant tous les travaux faits depuis 1801 ou 1802, pour constater l'état de la population. Nous n'avons rien en ce genre de si complet et de si bien fait. Le résultat en est que dans les trois royaumes et les petites îles adjacentes, la population se porte au-delà de treize millions. C'est un ouvrage qu'on ne vend point, et j'en suis d'autant plus reconnaissant envers lord Petty qui me l'a envoyé, et envers lord Lauderdale qui me l'a fait venir par son courrier.

Lord Lauderdale m'a fait, lui-même, présent de la nouvelle édition de l'ouvrage de Malthus, sur la population. L'auteur croit avoir mis le doigt dans la plaie du genre humain, qui est, selon lui, sa tendance naturelle et puissante à se multiplier par-delà les moyens de subsistance que peuvent lui fournir la terre et le travail, ce qui amène nécessairement à sa suite la misère pour les dernières classes de chaque société, plus ou moins nombreuses, selon le degré de sa population et d'autres circonstances. Il recherche dans toutes les nations connues les causes qui retardent et arrêtent les progrès de la population, tels que les mauvais traitemens des femmes dans les nations sauvages, ainsi que chez les naturels américains, le défaut de culture, les maladies épidémiques, l'abus des liqueurs fortes.

On ne peut faire cesser ce mal de la société politique qu'en tenant ou en portant la quantité des subsistances au-dessus du niveau de la population, s'il est des moyens d'atteindre ce but, et ces moyens semblent ne pouvoir être que l'un des deux suivans : ou d'augmenter les moyens de subsistance, la population restant la même ; ou de réduire la population, la quantité de subsistance demeurant la même, de manière que dans l'un et dans l'autre cas, la subsistance se trouve plus abondante qu'elle ne l'est à présent pour chaque individu des classes infimes de la société.

En multipliant la quantité de subsistance on n'améliore pas la condition des dernières classes, parce que, dès qu'on augmente cette quantité, par quelque moyen que ce soit, comme la culture étendue ou perfectionnée, ou le commerce ou l'industrie, la population s'accroît en même proportion. Le penchant qui attire les sexes l'un vers l'autre, les portant toujours à produire de nouveaux consommateurs, ce qui soutient le nombre des consommateurs et les subsistances dans le même rapport qu'auparavant.

Il n'est pas facile de réduire la population par les moyens jusqu'à présent proposés et pratiqués, en y comprenant même les plus violens et les plus condamnés par la morale et la religion, tels que les mauvaises mœurs, la guerre, l'infanticide, le célibat forcé, la polygamie, l'eunuchisme, parce que l'action de chacune de ces causes produit un vide et rend une place vacante à la grande table de la nature, elle est remplie par un nouvel individu, de sorte que la condition de tous les autres et celle des individus des classes infimes ne devient pas meilleure.

Le seul remède que trouve l'auteur est ce qu'il appelle *moral restreint* et qui consiste, pour tout être humain adulte, à se persuader qu'il commet une mauvaise action en donnant naissance à une créature de son espèce, lorsqu'il n'est pas en état de la nourrir et de l'élever. On ne peut contester la bonté du remède, mais la difficulté est de le faire avaler par les malades qui sont ici les gens qui se portent bien. L'auteur en fait voir la nécessité et les avantages de la meilleure foi du monde, et avec beaucoup de force, mais vous savez le proverbe: on a beau prêcher qui n'a cœur de bien faire; et, je crains bien que cette morale difficile à pratiquer partout, ne soit impossible à établir dans certains climats, tels que celui que vous habitez par exemple, et je vous invite à en faire vous-même l'expérience. Au reste, l'ouvrage entier est fort intéressant. L'auteur a approfondi le sujet bien plus qu'on n'a jamais fait avant lui. Il a combattu quelques erreurs importantes en cette matière; une bien grande entre autres, l'opinion que les pauvres ont un droit véritable aux secours des riches; ou, ce qui est la même chose, que le gouvernement doit au peuple sa subsistance (qu'on ne peut lui fournir quand elle lui manque, qu'en la prenant sur les riches). Je dis, comme l'auteur, que c'est là une grande et funeste erreur. Je trouve dans mes papiers sur ce sujet une discussion très-étendue contre Ramond *sur les lois constitutionnelles,* et contre Adrien Lezay dans son ouvrage intitulé *les Ruines*. C'est là une des nombreuses dissertations que je pourrais sauver de l'oubli, si je n'achève pas bientôt de perdre la vue.

Nous nous disposons à recevoir à l'Académie le cardinal Maury à la place de Target. Je ne crois pas que son élection souffre aucune difficulté; l'Empereur ayant écarté la seule qu'il y eut, en le faisant cardinal français et premier aumônier du prince Jérôme. Vous pouvez croire qu'il y aura foule à sa réception, pour entendre comment il se tirera de l'éloge de Target; car, sans faire un grand discours, il fera un remerciement, où il ne se dispensera pas de l'usage antique de parler de son prédécesseur.

Nous avons dîné plusieurs fois ensemble chez Mme R*** où vous nous avez bien manqué; mais où nous avons parlé de vous. Il réussit fort bien ici. Il fait toujours de bons contes et conserve toute sa vivacité. Il paraît qu'on veut employer ses talens. De quelle manière? C'est ce qu'on ne sait pas. Mais l'Empereur lui a annoncé que c'était son intention.

Il faut bien que je vous parle de moi et de ma réponse à Geoffroi, que j'ai remise à Mme R*** il y a plus de trois semaines, et qui doit vous être parvenue. J'espère que vous serez de l'opinion de beaucoup de gens de mes amis qui, après m'avoir voulu détourner de répondre, m'ont tous dit que j'avais très-bien fait, puisque je pouvais répondre ainsi.

Ce n'est pas que je croie que cette manière de se défendre soit suffisante contre une feuille aussi répandue que le journal; mais j'espérais que les extraits qu'on en ferait dans le Moniteur et les autres journaux aideraient à la faire connaître suffisamment. J'ai été trompé dans cette espérance, le rédacteur du Moniteur, qui m'avait demandé d'y insérer ma brochure, m'a écrit, au bout de huit jours, que la permission qu'il en avait demandée à M. M*** lui avait été refusée, et la raison qu'on en a donnée depuis, a été que le journal officiel devait rester neutre *dans les querelles littéraires.*

Quant aux autres journaux, après que quelques-uns des plus répandus se sont expliqués sur l'article de Geoffroy et contre le censeur Fiévée, tous ont reçu défense d'occuper désormais le public de cette querelle.

Il me restait toujours le moyen que j'ai proposé à la fin de ma brochure, *d'obliger le journal à répandre ma défense par sa feuille comme il a répandu l'injure*, mesure que tout le monde a trouvée juste et sage; mais je n'ai pas non plus obtenu justice.

Je serais donc demeuré sous le coup du journal de l'Empire, si je n'avais eu la vie un peu dure; ou, pour parler sans métaphore, je serais resté déshonoré si quelques travaux utiles, quelque courage dans des temps difficiles, quelques liaisons honorables, n'avaient donné à ma vie une sorte de notoriété favorable qui, non-seulement m'a défendu, mais qui m'a valu dans cette circonstance des témoignages nombreux d'estime et d'intérêt, non pas seulement de mes anciens amis, mais de beaucoup de personnages considérables, tels que tous nos ministres et mes confrères à l'Institut. J'oserai ajouter à ces moyens de défense, le plus puissant de tous, les nouvelles bontés de Sa Majesté.

Voici encore un fait assez étrange, qui peut être l'avant-coureur d'un état de choses fâcheux pour les lettres, en rendant plus difficiles et plus rares les relations des hommes de lettres avec le gouvernement.

Le deuxième dimanche du mois de septembre 1806, M. de Boufflers, membre de l'Institut dans la deuxième classe, et ci-devant un des quarante de l'Académie française, venant d'entrer dans le salon de Saint-Cloud, et se disposant à passer dans la galerie, un huissier lui a signifié qu'il ne pouvait entrer, que c'était par négligence de la part du suisse qu'il était parvenu jusqu'au salon, que sa consigne était expresse de ne laisser entrer aucune personne *ayant le costume de l'Institut.* M. de Boufflers a eu beau représenter qu'il avait été toujours admis à faire sa cour à Leurs Majestés dans cet habit, il n'a rien gagné. Pendant ce petit débat, le cardinal Maury étant arrivé, et M. de

Boufflers lui disant quelques mots de politesse, la sentinelle de la porte du salon est venue poser sa main sur le bras de M. de Boufflers, et lui a dit : *Monsieur, vous ne pouvez pas rester ici, et sortez;* car ce dernier mot a été prononcé.

On ignore encore si cette exclusion a été portée par le maréchal Duroc; si c'est quelque mal-entendu; si c'est un nouvel arrangement ordonné par l'Empereur lui-même. L'Empereur étant sur son départ pour Mayence, M. de Boufflers et les membres de l'Institut, à qui il a fait part de cet événement, n'ont pas cru devoir le rendre public, et attendent le retour de Sa Majesté pour savoir à quoi s'en tenir.

Il y a douze ou quinze jours que j'ai fini d'écrire ce que vous venez de lire, et, depuis ce temps, la faiblesse de mes yeux, un abattement, un découragement extrême, une prostration de forces dans mon pauvre esprit, ne m'ont pas permis d'y rien ajouter. Il n'est personne qui ne connaisse ces temps de nullité où tombe chez nous l'être pensant. Je les ai connus aussi, mais bien courts et de peu de durée. L'âge les prolonge et va toujours les prolongeant de plus en plus. Cet effet tient, je crois, principalement à l'affaiblissement de la mémoire. Les idées acquises qui réveilleraient des séries de pensées, soit anciennement rassemblées, soit nouvelles, ne se représentant plus, même lorsque je m'efforce de les rappeler, ma tête demeure sans action.

Vous verrez par-là, mon cher confrère, et par ce que je vous ai dit de l'affaiblissement de mes yeux, la presque impuissance où je puis être, d'un moment à l'autre, de remplir les intentions de Sa Majesté, dans l'espèce de correspondance que vous avez bien voulu proposer.

Je vous prie donc de ne pas regarder le griffonnage que je vous envoie comme l'exécution du plan que Sa Majesté avait bien voulu agréer, ainsi que me l'a dit M. de Jaucourt. Réfléchissez encore sur cela, et vous me transmettrez ensuite les dernières intentions de Sa Majesté.

J'ai bien peu vu M. de Jaucourt, qui a été presque toujours à la campagne. Je vais savoir de lui les moyens de vous faire parvenir mon gros paquet.

J'écris à M. de Girardin, pour le remercier de ses vues bienfaisantes et solides.

Nous voici au 17 octobre, et les nouvelles d'Allemagne commencent à nous apprendre des victoires. Plaise à Dieu qu'elles ramènent la paix, sur la terre d'abord, et ensuite sur les mers.

Nous avons eu une exposition très-brillante des produits de l'industrie française, d'après lesquels on peut croire que les arts de la paix fleurissent au milieu de la guerre. Mais en voyant ces beaux ouvrages, ces belles machines à filer le coton, la laine, et tous les moyens des arts perfectionnés, je me rappelle ce qu'on voit dans beaucoup de pays; de jolis enfans, que la misère de leurs parens ne permet pas d'élever jusqu'à l'âge d'homme, et je dis que, sans la paix, sans la libre communication des nations, sans le libre usage de sa personne et de sa propriété dans le commerce, toutes ces merveilles ne se perpétueront pas, demeureront stériles, et je crois bien qu'en cela vous serez de mon avis, contre tous les ennemis de la liberté du commerce, de quelque qualité et condition qu'ils puissent être, selon le style des anciens arrêts.

Je n'entends pas, par ces réflexions, vous dégoûter d'accueillir et de favoriser quelque bon établissement de ce genre, et vous le verrez tout de suite par le petit papier joint à ma lettre, contenant une proposition d'un M. O' Reilly, qui vous propose une machine à filer et à préparer les laines. Vous voudrez bien, à ce sujet, me faire un mot de réponse que je puisse montrer à Laborie, qui m'a recommandé la note que je vous envoie.

Savez-vous que la pauvre Mme de Staël, qui est comme le juif errant, ne pouvant vivre ni à Copet, ni à Genève, ni chez Bidermann, qui lui avait prêté sa maison à Veüzelle, ni à Auxerre, est de présent à Rouen, où elle ne pourra pas rester davantage, parce qu'il n'y a ni esprit romanesque, ni métaphysicien, ni même de simples littérateurs, ni enfin des gens qui puissent l'entendre. Empêcher une pauvre femme qui a de tels besoins, c'est vraiment, comme chez les anciens Romains, lui interdire le feu et l'eau. Voulez-vous que nous lui conseillions d'aller s'établir auprès de son frère le Vésuve? Vous n'avez qu'à parler.

Ce mardi 21, nous sommes réveillés par le canon, qui nous annonce une victoire ouvrant la campagne de cette année, comme a fini celle de l'année dernière. Tout cède à cet homme étonnant d'intelligence et d'activité. C'est bien de lui qu'on pourra dire : *Siluit terra in conspectu ejus.* Pour achever de remplir cette destinée, il faut qu'à ce silence de la terreur succède le silence de la paix.

Vous aurez appris par les papiers la mort de Grouvelle; mais, ce que les papiers ne disent pas, c'est qu'il est mort *d'un trait* de journal, où l'on a rappelé une circonstance de sa vie qu'il aurait voulu qu'on oubliât.

En relisant toute la rapsodie que je viens de faire transcrire, j'en suis honteux, et j'hésite à vous l'envoyer, persuadé que ce n'est pas là ce que vous avez entendu recevoir de moi, et je ne triomphe de mon scrupule qu'à la condition qu'après avoir lu ce fatras, si vous ne le jugez pas avec plus d'indulgence, vous n'en ferez pas usage.

Je me propose de faire remettre ce paquet à M. de Girardin, chez la Reine, à Morfontaine, par M. de Boufflers ou M. le cardinal Maury, qui y vont demain.

Je vous salue et vous embrasse avec les sentimens que vous me connaissez depuis près de quarante ans, et qui ne finiront qu'avec moi.

MORELLET.

LETTRE III.

Paris, mars 1807.

MON CHER ET ANCIEN AMI,

Je dois commencer par vous prier de mettre aux pieds de Sa Majesté l'hommage de ma reconnaissance pour la bonté dont elle me donne une marque précieuse en me plaçant au nombre des hommes de lettres qu'elle honore de sa bienveillance et de quelque estime. Je voudrais pouvoir payer ses bontés de quelque retour, mais je n'ai plus à lui offrir que *les faibles restes d'une voix qui tombe et d'une ardeur qui s'éteint.* Ces restes, tels quels, lui appartiendront désormais, et vous obtiendrez qu'on les accueille avec indulgence.

J'ai été affligé de ne pas recevoir un mot de vous qui m'annonçât la grâce que je reçois de S. M., que je n'ai sue que par un billet de M. Jame (1). J'ai rencontré M. de Girardin chez M. Mollien; il m'a

(1) Trésorier du roi Joseph à Paris. (*Note de l'Éditeur.*)

dit qu'il ne m'avait apporté aucune lettre. Je voulais savoir de lui comment vous êtes, comment vous vous trouvez, et, sur toutes choses, si le Prince qui s'est dévoué à la bonne œuvre de civiliser et de rendre heureux un peuple, qu'on ne calomnie pas en disant qu'il est encore un peu reculé dans l'échelle de la civilisation, trouve dans ses succès quelque récompense de ses soins.

Je suis allé chez M. de Girardin, et je ne l'ai point trouvé ; il m'a fait dire qu'il viendrait me voir, et, jusqu'à présent, je ne sais rien de ce que j'espérais savoir de lui. Vous en êtes d'autant plus obligé de me donner quelque explication sur tous ces points, et je l'espère de votre amitié. Vous voudrez bien aussi me faire savoir si les petites observations que je vous ai envoyées sont convenables pour le fonds et pour la forme.

Jusqu'à ce que vous m'ayiez tracé une autre marche, je croirai remplir les intentions de S. M. en vous adressant à vous-même quelques observations sur des objets qui ne sont plus sous ses yeux, et auxquels elle prend l'intérêt qu'ils inspirent à toute âme bien née et à tout esprit bien fait ; je veux dire les progrès et l'état des lettres et de la philosophie, les deux consolateurs et les deux appuis de la vie humaine.

J'entre en matière, en vous parlant des ouvrages présentés à notre Académie ; l'un de poésie et l'autre de prose. Nous avons eu un fort bon concours pour la poésie : nous avons distingué trois ouvrages; celui de M. Millevoye, un second d'un jeune homme appelé Fabre, qui n'a pas vingt ans, et un troisième dont l'auteur ne se nomme pas; le sujet était *le Voyageur*. Le prix avait été déjà manqué; il a été donné à Millevoye; et, comme l'Académie avait témoigné le regret de n'avoir pas un second prix à donner à la pièce de Fabre, le ministre de l'intérieur a rempli notre souhait en lui accordant une médaille de 1000 francs. Vous verrez que les deux prix sont fort bien gagnés.

Le concours pour la prose n'a pas été aussi heureux. Nous avons bien distingué deux ou trois discours, dans l'un desquels nous avons trouvé de fort belles choses, beaucoup d'esprit, des idées et une manière originales, mais quelques défauts graves, comme des omissions importantes, des inégalités, quelques injustices, etc. Deux autres pièces étaient des volumes demandant cinq à six heures de lecture, et par conséquent sortant des limites des discours académiques, pour lesquels l'attention du public est à peine d'une heure, et n'ayant pas, d'ailleurs, assez de mérite pour être couronnés.

Nous avons donc remis le prix, et, à cette occasion, on a mis en question si, en conservant le même sujet pour l'année prochaine, on doublerait le prix. A ce doublement il s'est montré une opposition appuyée sur des raisons si étranges, qu'elles méritent que je vous les transmette, parce qu'elles indiquent, surtout de la part de ceux qui les ont données, une allure inattendue et une déviation de l'esprit public, de la route où nous croyions, vous et moi, qu'on marcherait désormais, à la suite des progrès de la raison.

Vous savez que le sujet était *le mérite littéraire et philosophique du dix-huitième siècle.*

Les opposans au doublement ont dit qu'il eût été peut-être à désirer, dès l'année dernière, qu'on ne proposât pas un tel sujet; que, quel que fût le discours couronné, on devait prévoir qu'il serait l'objet d'une critique amère de la part de la nombreuse classe d'hommes qui s'élevait aujourd'hui contre l'esprit de ce siècle, et qui s'étaient fait les détracteurs de tous ceux qui l'avaient illustré; que, puisqu'on ne pouvait pas retirer le sujet, au moins ne fallait-il pas lui attribuer un prix double, ce qui était une espèce d'affection et de moyen extraordinaire de faire louer le dix-huitième siècle, fourni par ceux-là même qui ont quelque intérêt à ces éloges; qu'on ne manquerait pas de dire que nous n'avions pas trouvé de panégyriste à 1500 fr., et qu'il nous avait fallu le payer mille écus, etc.

Ils ont donné à entendre aussi, que le gouvernement, bien conseillé, ne devait pas permettre à l'Académie de cumuler ainsi les récompenses littéraires, qu'il fallait avoir un discours pour 1500 francs, et que le prix étant remis, il fallait proposer un second sujet et avoir deux discours.

Ils ont prétendu enfin qu'on ne pourrait jamais obtenir un bon discours sur le sujet proposé, tant parce qu'il était difficile en lui-même, que parce qu'on ne pouvait pas tout dire sans exciter de grandes réclamations, et peut-être aussi contrarier les vues actuelles du gouvernement, qui veut rendre quelque empire aux idées religieuses qui, etc., etc.

Les partisans de l'opinion contraire ont répondu que l'Académie n'avait pas à se repentir d'avoir proposé ce beau sujet; qu'il était difficile, mais non pas impossible à traiter; que la preuve en était dans le discours même qui avait été distingué des autres, et où le sujet est traité assez convenablement, et de manière à ne pas exciter les vives réclamations qu'on voulait faire craindre; que c'était une véritable pusillanimité que de craindre pour l'Académie les critiques insolentes et injustes auxquelles on a laissé malheureusement un trop libre cours, et qui ne manqueraient pas de s'exercer contre l'éloge du dix-huitième siècle, quelque juste et quelque mesuré qu'il fût; qu'on ne faisait rien d'extraordinaire en doublant le prix, lorsqu'il n'avait pas été gagné une première fois; que c'était l'usage de toutes les académies, etc.

Nous avons eu beau faire valoir ces raisons et d'autres que je vous épargne, nous avons été tondus, Suard et moi, et un petit nombre d'autres; et nous ne doutons pas que notre déconfiture ne tienne à un certain esprit de parti dont je vous parlerai ci-après.

Nous attendons toujours que le cardinal Maury

demande un jour pour sa réception, qui ne peut avoir lieu que vers la fin du mois d'avril, pour n'être pas trop voisine de notre assemblée publique du mercredi premier d'avril, jour de la distribution de nos prix. Nous croyons que, sur sa demande, la classe aura à revenir sur sa délibération antérieure, par laquelle elle a réglé qu'on ne lui donnerait pas le *monseigneur*, attendu qu'un certain article du Moniteur a paru à beaucoup de personnes indiquer que l'intention de l'Empereur était qu'on suivît pour le cardinal Maury l'exemple donné par Fontenelle recevant le cardinal Dubois (le seul membre qui ait été reçu étant cardinal), et qui l'appela monseigneur, non pas en marmottant ce mot, comme l'ont donné à entendre d'Alembert et Duclos, mais dans toute la teneur du discours, et à diverses reprises; et véritablement cette raison paraît sans réplique, vu que les compagnies ne se conduisent que d'après des usages, et qu'elles sont trop heureuses d'en avoir auxquels elles puissent se prendre; et puis, qu'est-ce que cela fait?

A propos du cardinal, il m'a lu dernièrement la péroraison de son discours, qui est tout entière formée de l'éloge de l'Empereur, d'une belle et grande manière, dans laquelle on pourra trouver quelques hyperboles difficiles à éviter, par-là même qu'on a à louer de si grandes choses. Au reste, le fonds de son discours est l'éloge de l'abbé de Radonvilliers, pour lequel il a véritablement employé la loupe qui magnifie les petits objets. Il ne dit que quatre mots de Target, terrain sur lequel il n'a pu marcher que comme chat sur braise. Je ne connais pas le reste de son discours, et je ne répondrais pas qu'il y ait mis dans tous les sens la réserve et l'équilibre qu'il est, je pense, obligé de garder. Je vous en dirai davantage lorsque je l'aurai entendu, soit avant, soit après sa réception.

Avant de quitter l'Académie, je vous dirai que l'Institut est établi au Collége Mazarin, et par conséquent renvoyé à jamais du Louvre. On peut regretter, sans doute, cette co-habitation du savoir et du pouvoir, qui a fourni quelques belles phrases à nos orateurs; mais la protection peut n'en être pas moins efficace et moins agissante, quoique le protecteur et le protégé n'habitent pas ensemble. Nous gagnons à être chez nous, de n'avoir pas à notre porte une sentinelle empêchant l'entrée d'un paquet de livres, et un fiacre de me descendre à couvert. A la vérité, jusqu'à présent, nous ne sommes pas commodément, si l'on en excepte la salle des assemblées publiques, qui n'est pas mal, sauf quelques incommodités, et notre bibliothèque, qui est placée dans un très-beau vaisseau. Mais ces inconvéniens pourront se corriger lorsqu'on voudra bien faire déloger du Collége un nombre considérable de gens que la faveur y a placés, et dont les logemens peuvent fournir des salles commodes pour les assemblées particulières de chaque classe, et pour la nôtre une bibliothèque appropriée à nos travaux, qui peut être, ou celle que j'ai formée pour notre commission, ou toute autre qu'on voudra faire sur le même plan, et dont le travail du Dictionnaire ne peut se passer.

Je ne puis me dispenser de vous instruire, en qualité de confrère à l'Académie, de ce qui s'est passé récemment, relativement au Dictionnaire. Le ministre a paru désirer, il y a quelque temps, savoir où en était le travail : c'était à la commission du Dictionnaire, et par conséquent à moi secrétaire, à lui répondre. Je n'ai pu, ni voulu dissimuler un fait public : c'est que, depuis dix-huit mois que la commission et l'Académie s'en occupent, l'Académie n'a encore fait que l'*A*, qui n'est guère que la treizième ou quatorzième partie de l'ouvrage, ce qui en renverrait la fin à quelques trente ans d'ici, et ce qui pourrait faire voir par le gouvernement la dépense faite par la commission comme trop prolongée. La réponse que j'ai faite au ministre l'a satisfait. J'ai distingué, dans mon rapport, l'ouvrage de la commission et celui de l'Académie. J'ai observé que le travail de la commission était de beaucoup en avance sur celui de l'Académie, et qu'il le serait désormais encore davantage à mesure que l'habitude aurait diminué les difficultés, que nous aurions toutes nos maximes faites et notre marche plus ferme. Nous avons assuré le ministre que la commission terminerait en cinq à six ans la copie du Dictionnaire, préparée à recevoir les corrections et la dernière main de l'Académie (sans lesquelles le Dictionnaire ne serait pas celui de l'Académie), et qu'alors cesseraient les dépenses, sauf à continuer la commission pour le travail d'une grammaire, d'une rhétorique, d'une poétique, etc.; que, quant au temps où l'Académie pourrait terminer sa révision, c'est ce qui ne dépendait pas de la commission, et que nous pouvions seulement croire que, dans la suite, l'Académie elle-même, ayant une plus grande habitude de ce travail, l'exécuterait avec plus de promptitude, etc.

Vous me voyez par-là engagé à vivre encore six ans, pour que je puisse dire *exegi monumentum;* car il est vrai que je fais la plus grande partie de ce travail. Je ne sais pourtant si je pourrai pousser mon bidet jusque-là. Je suis entré le 7 du courant dans ma quatre-vingt-unième année, et je puis dire encore comme le rhéteur de Juvénal :

> *Superest Lachesi quod torqueat et pedibus me*
> *Porto meis.*

Mais se promettre six ans à mon âge, c'est beaucoup. Quoi qu'il en arrive, j'ai chanté encore chez Bidermann l'anniversaire de ma naissance en avancement d'hoirie, et pour l'année 1808; et, comme je vous ai, l'an dernier, envoyé mes chansons pour 1807, il faut bien que je vous envoie celles-ci. Des deux que je vous adresse, il n'y en a qu'une qui est proprement un anniversaire; l'autre est la complainte d'un vieillard devenu aveugle, et malheureusement je suis ou je serai bientôt ce vieillard-là. Mes yeux, ou plutôt celui qui me reste, est fort affaibli. J'ai donc chanté mes privations, ou je me suis efforcé de m'en consoler d'avance en chantant, craignant de n'en avoir pas le courage quand elles seront arrivées. Vous y pardonnerez quelques libertés, car il faut en pardonner à un malheureux aveugle. Vous saurez aussi que j'ai fait l'air et les paroles; et que nos délicats, à qui j'ai chanté mes stances, ont jugé qu'elles n'étaient pas mauvaises, et que l'air était bien adapté aux paroles; mais je doute qu'au pays que vous habitez on les juge avec autant d'indulgence. Les Italiens, et en général les étrangers, ne sentent pas, ne goûtent pas nos chansons, et n'en font point du même genre que nous; mais quoi qu'il m'arrive, voilà les miennes, que vous trouverez plus bas, après toute ma prose.

Voici maintenant l'explication et la preuve de ce que je vous ai dit ci-dessus du débat élevé à l'Académie, à propos du sujet du prix de prose. Vous la trouverez dans ce que j'ai à vous dire du succès prodigieux d'un M. Fressinous, missionnaire d'une espèce nouvelle, qui fait tous les dimanches à Saint-Sulpice, de deux heures à quatre, une catilinaire ou une verrine, comme il vous plaira l'appeler, contre les conjurateurs et les brigands qu'on appelle *philosophes.* Il a pour auditeurs, plus que bénévoles, toutes les dames du faubourg Saint-Germain, et même celles qui se sont retirées dans notre faubourg Saint-Honoré, et tous les jeunes gens de même étoffe. Tout cela est d'une assiduité exemplaire aux harangues de M. Fressinous, qui leur prouve que, sans la religion catholique, apostolique et romaine, sans une ferme croyance à ses mystères, il n'y a ni vertu ni morale; que la morale et la vertu n'ont pas d'autre base sur laquelle elles puissent s'appuyer, ce qui est, comme on voit, infiniment utile à enseigner dans un temps où nous avons pour citoyens des calvinistes, des luthériens, des juifs, etc.; qui ne pourront plus se piquer d'avoir de la morale, lorsqu'on leur aura une fois prouvé qu'il leur est impossible d'en avoir.

Mais ce n'est pas tout pour ces dames de se nourrir du pain de la parole de M. Fressinous, elles le distribuent dans le monde avec beaucoup de charité et de zèle; et j'ai quelquefois le petit dégoût de me voir adresser, dans l'espoir de me convaincre, des apologies de la révocation de l'édit de Nantes et de l'intolérance religieuse, des souhaits pour le rétablissement des jésuites, des moines, et des couvens de filles. Je puis vous dire même que j'ai eu une de ces scènes à l'occasion de ce qui se passe chez vous. J'avais lu avec une extrême satisfaction dans un journal, un article de Naples contenant une loi pour la suppression des ordres religieux bernardins et bénédictins. Je me suis avisé d'en faire l'éloge : sur cela j'ai été assailli par deux ou trois dames à la fois, secondées de quelques-uns de leurs chevaliers. On regrettait surtout les charités des bons religieux, c'est-à-dire les soupes à la porte des couvens, et l'asile où le père de famille ensevelissait deux ou trois de ses enfans pour enrichir celui qui restait, etc.

J'ai eu beau dire que quatre-vingts ou cent pères de famille propriétaires ou cultivateurs, et des mères faisant et élevant des enfans étaient quelque chose de plus utile que des moines oisifs et des religieuses cloîtrées, on m'a fort mal traité, et on est allé jusqu'à m'appeler *philosophe :* à cette injure, il a fallu quitter la place.

Maintenant, et pour parler sérieusement, je dirai que la marche de l'opinion publique chez nous, sur ces objets importans, est malheureusement rétrograde. La dévotion politique et l'intolérance font des progrès sensibles. Heureusement le gouvernement ne prend pas pour règle l'opinion des dames du faubourg Saint-Germain.

Au reste, pour revenir à vous, l'édit qu'attaque une sotte superstition, et ce qui est pire, un esprit de parti très-dangereux et très-ennemi du gouvernement, me paraît très-bien fait. Le préambule justifie les dispositions de la loi par une excellente raison, la nécessité qui force chaque nation de suivre le mouvement de l'esprit du siècle; car le mouvement de l'esprit humain vers la vérité est comme la destinée dont Sénèque a dit si bien : *Volentem ducunt fata; nolentem trahunt.* Les gouvernemens n'ont rien de mieux à faire qu'à le suivre.

La conservation des grands dépôts de livres et de manuscrits existant dans les abbayes supprimées, le traitement fait aux individus, meilleur et plus humain que celui qu'ils ont éprouvé en Espagne, en France et ailleurs; l'emploi des religieux mendians pour les petites écoles, tout cela est digne d'un gouvernement éclairé et juste, et ne peut être décrié que par des ennemis des lumières et du bonheur du genre humain.

Vous aurez sûrement reçu l'histoire de l'anarchie de Pologne, par Rulhières. Si vous voulez que je vous en dise mon opinion, il me semble qu'à ne parler d'abord que du style et de la manière, l'ouvrage est fait pour honorer notre littérature dans le genre de l'histoire. Il réussit beaucoup et mérite ce succès. J'en ai lu quelques morceaux, car le temps et les yeux me manquent pour des lectures de longue haleine. Je ne sais pourquoi on ne l'a pas appelé les Révolutions de Pologne. La Notice sur Rulhières, par Daunou, pèche par le plus grand des vices d'un ouvrage de ce genre, puisque l'auteur n'a point connu Rulhières et ne le peint pas avec vérité. Vous pouvez en juger, vous qui l'avez connu comme moi. Il est vrai que Daunou s'est aidé du portrait qu'en a tracé Chamfort; mais celui-ci n'a vu dans Rulhières que les mauvais côtés, et n'a jamais rendu toute justice à son talent; et j'oserai dire qu'il a peut-être vu son caractère même plus méchant qu'il n'était réellement, tant je suis moi-même bon homme.

C'est peut-être là ce que vous direz de moi en lisant ceci; mais je repousserai cette injure comme Argan dans Molière : *Je ne suis point bon, et je suis méchant quand je veux;* et, pour vous le faire voir, je rappellerai ici la jolie épigramme de Lebrun :

Connaissez-vous Chamfort, ce maigre bel-esprit?
Connaissez-vous Rulhière, à face rebondie?
Tous deux se nourrissent d'envie,
Mais l'un en meurt et l'autre en vit.

Je reviens à l'histoire. Une chose m'a frappé dans ce que j'en ai lu. On y voit de fortes têtes, des courages à toute épreuve, des caractères antiques, des Phocions, des Catons d'Utique, enfin, des hommes de Plutarque; et, quand on se demande à quoi sont employées toutes ces vertus, quel est le but que se proposent ces personnages héroïques, on n'en trouve aucun digne de tant d'efforts.

Car quel est enfin le résultat le moins déraisonnable auquel ils puissent arriver? c'est d'établir, sous le nom de monarchie, une aristocratie tyrannique sur leur nation, qui devient condamnée à une éternelle servitude, sous un chef impuissant à faire aucun bien, par la dépendance où il est d'une noblesse sur qui les lois n'ont aucun pouvoir.

Et, si vous voulez voir cette observation confirmée, et un jugement anticipé de son ouvrage, porté par Rulhières lui-même, je vous le ferai voir dans ce qu'il a dit des Russes, à la tête de sa conjuration de Russie, et que je trouve parfaitement applicable aux Polonais.

« Quelques traits d'habileté et de courage qu'on » trouvera dans cette histoire, ne doivent pas faire » illusion; et si quelques-uns de mes lecteurs ont » pris de l'estime pour une nation où il se trouve » de tels hommes, je les prie d'observer que ce » qu'ils admirent tient à l'habitude des conjura» tions, à l'espérance des fortunes rapides, et que » ces convulsions sont toujours momentanées, etc.»

Quant au fond, l'ouvrage a tout l'air d'un roman. Ces belles harangues des confédérés, comme celle de Pulausky, au troisième volume, sont à la manière de Tite-Live, et n'ont pas plus été prononcées telles qu'on nous les donne, que celles de l'historien latin. Le but de l'auteur, d'inspirer la haine contre les Russes et contre Catherine II, est trop manifeste. Vous aurez remarqué aussi l'embarras dans lequel se trouve Rulhières, ne pouvant se dissimuler les maux de l'anarchie et les avantages que pouvait trouver la Pologne dans un gouvernement monarchique, et forcé par son plan de peindre de couleurs horribles toutes les mesures de la Russie, tendant au fond à soumettre ce malheureux pays à un gouvernement régulier, but bien justifié par les résultats, puisque, si l'on excepte les parties soumises à la Prusse, les deux autres parts de la Pologne ont prospéré sous les nouveaux maîtres qu'elles ont eus.

Mais je m'aperçois que je me jette dans la politique, à laquelle je n'entends rien, et je reviens à des objets moins importans.

Je ne sais si vous avez avec Mme de Staël quelque correspondance; si quelqu'un vous donne de ses nouvelles et si vous y mettez quelqu'intérêt, mais j'y en mets, moi, et, d'après cette pensée, je vous dirai que la pauvre dame est toujours occupée du désir brûlant de revenir à Paris, ou du moins, de s'en rapprocher de manière à pouvoir entretenir avec ses amis, un commerce plus suivi. Hors de Paris, c'est le poisson hors de l'eau. Quelqu'un lui demandait : mais enfin, madame, vous pouvez avoir à quelque distance de Paris, quatre ou cinq amis, dont la société vous serait agréable? *Pendant quinze jours, répond-elle.* Elle vient de faire pour cela une tentative dont je crains pour elle les suites. Voyant qu'on l'a soufferte à Acorta, près Meulan, depuis cinq ou six mois, elle a voulu acheter une petite maison à St.-Germain. On lui a dit que cela était trop près de la

Malmaison. Elle a acheté à Cernay, une maison que vous pouvez avoir connue, appartenant à un procureur Deniset, derrière celle de Mme Broutin. Je sais qu'on a dit : *Mais cette vallée de Montmorency est un faubourg de Paris*, et qu'on ne lui a donné, jusqu'à présent, aucune sûreté de pouvoir l'habiter. J'ai fait cette observation à son homme d'affaires, qui m'a dit qu'en ce cas, elle la revendrait en perdant dix mille francs. Voilà une belle opération de finance.

Il paraît depuis quelques semaines un ouvrage bien utile, *la Chimie appliquée aux arts*, par C***. Je n'en ai lu que la préface, dont j'ai été fort content, à raison des idées libérales qui y sont présentées d'une manière très-franche. Vous vous souvenez que C***, ministre, ne pratiquait pas trop bien les maximes de C***, écrivain ou discoureur? mais sa doctrine n'en est pas moins utile à répandre et à pratiquer.

La lecture de sa préface m'a suggéré une réflexion que vous ne désapprouverez pas, la voici :

Les artistes et manufacturiers de tous les pays font tous leurs efforts pour tenir leurs procédés secrets, et les gouvernemens, secondant en cela leurs vues, ont prononcé des peines sévères, et quelquefois cruelles, contre toute communication des secrets et machines des arts, faite aux étrangers, en même temps que la politique a tendu de toutes ses forces à établir les prohibitions, qui isolent les nations et qui rendent entre elles ou impossibles ou moins fréquens et moins etendus, le commerce, les échanges, etc.

Or, pendant que s'exercent tous ces efforts d'une industrie qui veut être exclusive et d'une politique jalouse, l'esprit humain, perfectionnant les sciences et les arts et arrivant à en connaître, à en démontrer les principes, la science se répand malgré ces obstacles. Les principes de la chimie, qui sont en même temps ceux de tous les arts connus par la voie de l'impression, et d'une nation à l'autre par les traductions, deviennent communs. La chimie, en créant plusieurs branches d'industrie, perfectionne les autres et rend ainsi publics et connus, tous les procédés des arts dont les artistes et les manufacturiers faisaient autrefois des mystères et qu'ils transmettaient en héritage à leurs enfans. Le domaine des arts devient ainsi le patrimoine, non-seulement de tous les citoyens d'un même pays, mais de toutes les nations civilisées, et ces progrès de la science vont déjouant ainsi toutes les jalousies d'industrie et de commerce, et toute la politique prohibitive des nations entre elles.

Il est bon de remarquer aussi à cette occasion, que, comme les progrès des connaissances combattent les systèmes prohibitifs, réciproquement ces systèmes traversent, autant qu'ils le peuvent, et retardent les progrès des connaissances les plus utiles à l'homme, de sorte que, si cette politique obtenait des succès complets, elle fixerait les arts et les sciences elles-mêmes, au point où ils sont arrivés dans chaque nation et bientôt après elles les feraient rétrograder, car leur nature est de reculer quand ils n'avancent pas.

MORELLET.

LETTRE IV.

25 Mars.

J'AI fait hier ma cour à la reine (1), en la qualité d'un de ses nouveaux serviteurs. J'avais engagé mon confrère Boufflers à me servir d'appui ; mais j'ai bientôt vu qu'avec une personne si éminemment bonne, et, si vous me passez l'antithèse, si éminemment simple, cette précaution était inutile. Elle m'a invité à aller la voir à Morfontaine. Elle m'a parlé de notre ami Lécuy (2), dont il paraît qu'elle est fort contente. Elle nous a fait voir ses enfans. Enfin, elle a conversé avec nous près de trois quarts-d'heure, avec une admirable simplicité.

Il est temps de finir cette longue dépêche. En la terminant, je vous demande en grâce de me faire savoir si la forme en est convenable, et si les objets que j'y ai touchés sont à peu près ceux aux-

(1) Julie, reine de Naples.

(2) Ancien général de prémontrés, alors aumônier de la reine Julie, et chargé de l'instruction religieuse de ses enfans. (*Note de l'Éditeur.*)

quels on daigne mettre quelqu'intérêt. Vous concevez que j'ai besoin d'être rassuré sur ce point.

J'ai besoin aussi d'un mot d'amitié de votre part. Vous ne m'avez pas donné signe de vie, depuis le mois de septembre. Je sais que vous avez des affaires pardessus les yeux; mais enfin une petite page est bientôt écrite. Cette observation m'avertit moi-même qu'il ne faut pas dérober plus de temps au ministre des finances d'un grand pays, d'autant que, d'après ce que m'a dit Mollien ces jours passés, vous voulez organiser cette partie de l'administration, sur un plan très-étendu et très-régulier, comme vous aimez à faire. Dieu vous assiste dans cette difficile besogne. Je frémis quand je pense qu'il pouvait très-bien m'arriver, il y a trente ou quarante ans, d'être à la chiourme dans cette galère, et que mon bon ange m'a toujours garé de ce danger, et m'a laissé libre et maître de mes futiles occupations; et je dis, en pensant à mon vieux ami qui est au gouvernail :

Suave mari magno turbantibus æquora ventis
E terra magnum alterius spectare laborem, etc.

Je finis, mon cher et ancien ami, en vous remerciant des bons offices que vous m'avez rendus auprès de Sa Majesté, et qui ont pu concourir, avec sa bonté et son amour pour les lettres, à m'obtenir la grâce que je reçois de lui. Ma reconnaissance pour vous, n'est point du tout aux dépens de celle que je lui ai vouée. Il rend ma vieillesse douce; il me tranquillise sur mon avenir; il me met en état de faire même quelque bien. Enfin, lorsque vous en aurez l'occasion, dites-lui que son bienfait n'est pas perdu.

Je salue respectueusement le ministre, et j'embrasse mon ancien ami.

MORELLET.

LETTRE V.

1er Mai 1807.

Excellenza, (car puisque vous êtes en Italie, il faut bien que vous ayiez de moi le titre qu'on vous donne sans cesse et qui me sauve de l'inconvénient de vous traiter avec une familiarité que je ne puis plus avoir avec un ministre, etc.)

Je commence par vous remercier de votre lettre, dont j'avais vraiment besoin pour me rassurer contre la crainte d'avoir été, dans mes dépêches précédentes, ou hors de propos ou plat et sans intérêt pour l'auguste bienfaiteur à qui j'offre ce faible hommage de ma reconnaissance.

Ce que vous me dites du passe-temps qu'il se donne en parcourant ses provinces pour s'y faire connaître, et des sentimens qu'il y recueille, me fait un extrême plaisir, parce que j'y trouve de quoi calmer les inquiétudes naturelles que nous conservons, nous dans l'éloignement, sur le succès d'un établissement nouveau fait au sein de la guerre, sur un sol étranger, en combattant des préventions et des haines nationales. Je lis avec avidité tout ce que je trouve dans les papiers publics de relatif au pays que vous habitez, et je suis heureux quand j'y rencontre des traits comme celui que m'apprend un article daté de Naples, le 3 avril, où je vois le service militaire attribué à une réunion disciplinée de propriétaires dont la fortune offre au gouvernement une meilleure garantie et qui ont le plus grand intérêt à la conservation et à la défense des propriétés. J'aime à voir la masse du peuple et la classe indigente demeurer attachées aux travaux utiles et nécessaires. Je trouve, entre nous, ce plan meilleur que notre conscription, au moins pour tout état qui ne veut que se défendre et non pas conquérir au loin; mais je n'ai pas de droits d'avoir une opinion sur de si grands objets.

J'ai vu aussi, avec une extrême satisfaction, la création de votre académie. Je me dis *pacis artes vigent inter Martis incendia.* Je trouve la constitution de cette société littéraire, dans ses premiers linéamens, parfaitement raisonnable, et je souhaite bien que le réglement intérieur soit aussi sagement dressé. Vous savez combien le nôtre est défectueux. Nous en éprouvons tous les jours de graves inconvéniens dans notre classe. Aucune des autres n'en est exempte, mais c'est surtout chez nous qu'ils sont sensibles. Je n'oserais vous dire la moitié des sottises qui se débitent ou se font en conséquence des vices de notre organisation; je serais appelé *un pestard,* comme on dit dans les colléges. Mais j'en gémis et j'en suis malheureux, à raison de l'intérêt que je mets à la chose. L'esprit révolutionnaire et démocratique est tout entier vivant chez nous. Nous avons toutes les formes des comités et des assemblées populaires.

Nous avons eu, depuis qu'il est question de la réception du cardinal Maury, des querelles scandaleuses. Mais c'en est assez sur ce sujet, sur lequel, au reste, vous voyez que je n'accuse personne.

J'ai fait votre commission auprès de notre ancien ami Lécuy, qui mérite l'attachement dont vous lui avez donné des marques et les bontés de Sa Majesté, dont il est profondément reconnaissant.

Depuis ma dernière lettre, vous aurez appris la mort de Lalande. C'est, comme on dit, une belle âme devant Dieu. Nonobstant l'extrême licence de ses opinions, il a été enterré comme tout le monde. On ne lui donnera pas sitôt de successeur à l'Institut dans la classe de l'astronomie.

L'Institut a aussi perdu Lassus, qui était dans la classe de la médecine et de la chirurgie et notre bibliothécaire. Sa place de bibliothécaire a été donnée à C*** le physicien, c'est comme si on m'avait donné à moi la garde et l'usage de son cabinet de physique. Mais il est fort peu aisé, et il a une jolie et jeune femme, et ces raisons sont de quelque poids. Il avait pour concurrent Dupont de Nemours, qui en avait bien autant besoin que lui.

Une mort plus fâcheuse encore pour moi, que celle-là, est celle de Mme la maréchale de Beauvau, que vous avez assez bien connue pour voir, comme moi, le vide qu'elle laisse dans les restes de la société polie et de la bonne compagnie qui se rassemblait chez elle. Elle est morte paisiblement, sans s'en apercevoir, sans être tourmentée des apprêts ordinaires de la mort. Elle m'a laissé, par son testament, une marque de son souvenir, auquel j'attache, comme vous pouvez croire, beaucoup de prix, quoique ce ne soit qu'un pupitre qui était à son usage.

Je ne sais si je vous ai parlé dans mes précédentes rapsodies de la souscription faite dans l'Institut pour acheter du sculpteur Lecomte, la statue de d'Alembert qu'avait commandée Watelet, et qui était demeurée à sa mort dans l'atelier de l'artiste. Le projet de souscription présenté par la deuxième classe (N. B. la 2e) avait été agréé par la première et la quatrième sans difficulté, et n'avait essuyé d'opposition que dans la troisième, où la discussion avait été terminée par cette conclusion, qu'*en ne souscrivant point en corps, ainsi qu'avaient fait les trois autres, la troisième classe ne prétendait pas ôter à ses membres en particulier la faculté de souscrire*, ce qui, comme vous voyez, n'avait pas besoin d'être dit. Malgré cette opposition la souscription était près d'être complétée et fermée, c'est-à-dire qu'elle se montait à près de deux mille écus, le minimum du prix mis par l'artiste à son ouvrage, lorsque les amateurs de certaines antiquités, tels qu'il y en a encore beaucoup parmi les savans en vieilles inscriptions et parmi ceux et celles qui ne savent rien, se sont récriés contre l'érection d'une statue à un philosophe abominable. D'autres ont dit que l'érection d'une statue était un droit de souveraineté que l'Institut ne pouvait pas s'arroger, etc.

Dans ces circonstances, l'Empereur a écrit au ministre de l'Intérieur une lettre dont quelques traits nous ont été transmis à notre assemblée générale du mois d'avril, dans une lettre du ministre de l'Intérieur, qui a été insérée dans un journal, mais qui n'aura peut-être pas attiré votre attention.

A M. le Président de la première classe.

« Monsieur le Président, S. M. l'Empereur me charge de faire connaître *à la classe* de l'Institut que vous avez l'honneur de présider, la résolution de faire placer, dans la salle des séances de l'Institut, la statue de d'Alembert, celui des mathématiciens français, qui, dans le siècle dernier, a le plus contribué à l'avancement de cette première des sciences. L'Empereur désire que la *première classe* voie dans cette détermination une preuve de son estime pour elle et de sa volonté constante d'accorder des récompenses et de l'encouragement aux travaux de cette compagnie, qui importent tant à la prospérité et au bien de ses peuples. En copiant fidèlement les expressions de la lettre que

Sa Majesté m'a fait l'honneur de m'écrire de son camp d'Osterode, le 17 mars 1807, je crois ne pouvoir annoncer à la *première classe* d'une manière plus agréable et plus honorable pour elle, la résolution dont j'ai été chargé de lui donner connaissance. »

Votre Excellence comprendra facilement, par ce détail, que ce n'est point au philosophe, à l'auteur du Discours préliminaire sur l'Encyclopédie que la statue sera érigée, mais au géomètre seulement, et qu'on pourra mettre sur le socle : *Quatenus geometra et non aliter*. Mais je dis, de la niche à l'Institut, comme le R. P. Binet, jésuite des lettres provinciales, du paradis, *soit de bond ou de volée que nous en chaut-il, pourvu que nous prenions la ville de gloire.*

Voici un sujet d'un plus grand intérêt pour vous, (qui s'est offert à moi par hasard) ; dont par cette raison je me suis occupé avec plus de suite qu'à moi n'appartient pour les objets de cette espèce.

Je vous dirai qu'en me trouvant à dîner avec un M. Nicolle, que Marmontel et moi nous avons connu comme instituteur au collége de Sainte-Barbe, et qui est aujourd'hui libraire, à la tête du magasin d'Herhan, auteur d'une nouvelle manière de stéréotyper, il m'a engagé à aller voir l'atelier de M. Herhan. J'ai été frappé de la beauté et de la grandeur de l'établissement : j'y ai trouvé quarante presses en mouvement à la fois, occupées à tirer à cinquante mille exemplaires le catéchisme qui doit servir à tous les diocèses de France.

Herhan et Nicolle m'ont fait suivre toutes ces opérations que j'entreprends de vous décrire en peu de mots. Figurez-vous donc de petites lames de cuivre sur une des extrémités desquelles on grave les lettres en creux qu'on compose comme des caractères ordinaires pour en faire une page solide. Cette page est ensuite enfoncée avec force dans une matière de caractères d'imprimerie en demi-fusion et donne une planche ou page en relief formant aussi une seule masse, chaque page ou planche n'ayant guère que quatre à cinq lignes d'épaisseur. C'est de ces planches, assemblées dans un châssis de construction nouvelle, que se forme la feuille qui doit passer sous la presse.

J'ai vu là des ouvrages stéréotypes in-octavo, ce qu'on n'avait point encore fait jusqu'ici, et d'une netteté, d'une correction vraiment admirables.

J'ai vu les formes de tout un Racine n'occupant qu'un très-petit espace et pouvant être envoyées dans une caisse au bout du monde, sans risque d'aucun dérangement.

J'ai demandé si on vendrait un Racine, un Boileau, ainsi composés avec les châssis qui réunissent les pages pour en faire des feuilles; on m'a dit qu'on ne demandait pas mieux. De sorte, ai-je dit, que, dans les pays nouvellement soumis à l'empire français, tels que la rive gauche du Rhin et le royaume d'Italie, et dans ceux auxquels nous avons donné de nouveaux souverains, comme la Hollande et Naples, et chez lesquels il peut être avantageux de répandre notre littérature et notre philosophie, en vous demandant des formes stéréotypes de Boileau, de Racine, de Télémaque, de Montesquieu, de La Fontaine, on ferait à Naples d'aussi belles éditions et aussi correctes de livres français qu'à Paris? Oui, me dit-on; et en ne tirant d'exemplaires qu'à mesure qu'on en aurait besoin, on épargnerait les frais et les risques du transport d'une édition entière, et le capital et l'intérêt du papier et de l'avance de la main-d'œuvre; et si on voulait même avoir des ouvrages italiens d'un usage universel, comme livres de prières, catéchismes, ouvrages classiques, poëtes, de ceux qu'on relit sans cesse, comme *le Tasse*, *l'Orlando* et *l'Aminta*, etc., votre imprimerie royale, pourvue une fois des planches stéréotypes de tous ces livres, pourrait les vendre à bon marché et avec avantage, et en employer le produit à quelque dépense publique très-utile, comme chez nous le produit du catéchisme dont on a proposé de doter les séminaires, etc. Je ne m'étendrai pas davantage sur ce point, parce que je me rappelle la maxime *verbum sapienti*, et que vous, qui avez eu une imprimerie, vous êtes plus en état que personne d'apprécier les avantages d'une semblable mesure.

Telle était ma conversation avec MM. Nicolle et Herhan, lorsqu'ils m'ont dit qu'il avait déjà été question de ce même sujet entre eux et M. Miot, et ils m'ont montré en effet des lettres du frère de M. Miot et leurs réponses.

J'ai observé dans ce *carteggio* que M. Miot demandait d'avoir le procédé tout entier, ce que M. Herhan regarde comme son invention particulière, et qu'il ne paraît pas disposé à communiquer. Mais il me semble d'ailleurs que votre gouvernement ne peut avoir aucun intérêt véritable à acheter chèrement le procédé. Quand vous aurez en clichets, comme ils le disent, un nombre d'ouvrages français, latins, italiens, d'un usage universel, et de ceux que tout le monde a, qui s'usent et doivent se renouveler sans cesse, votre imprimerie royale aura une richesse véritable, un fonds annuellement productif. Vous ferez chez vous le papier, vous dépenserez chez vous la main-d'œuvre en ce genre; vous n'aurez point de capital oisif, car vous ne ferez de dépense que d'après la consommation, et vous n'aurez rien en magasin.

Il vous faudrait environ six châssis ou plaques de cuivre qui fourniraient à six presses et à l'aide desquelles on fait très-facilement et en moins d'une minute l'imposition qui est assez difficile avec les châssis ordinaires, à raison du risque qu'on court que les caractères ne tombent.

On vous enverrait aussi une petite machine servant à corriger les fautes qui peuvent se trouver dans les planches ou formes solides, lorsqu'un caractère y est devenu défectueux par quelque accident.

Voilà tout ce qui se représente à ma mémoire de mon entretien avec ces Messieurs, qui ont fini par me prévenir qu'ils auraient l'honneur d'adresser à M. Miot, à vous, au général Dumas, un exemplaire du Racine qu'ils viennent de terminer, en se flattant que vous voudrez bien obtenir de Sa Majesté qu'elle daigne accepter l'hommage d'un exemplaire en vélin. Je les ai adressés pour cela à M. Jame. J'aurais peur, en finissant ceci, d'avoir été horriblement ennuyeux, si je n'avais pas affaire à des hommes qui aiment assez l'utilité publique pour voir avec intérêt tout ce qui peut y contribuer. Voilà mon excuse. J'interromps ici mes écritures pour aller à la réception du cardinal Maury, dont je vous rendrai compte à mon retour.

MORELLET.

LETTRE VI.

Jeudi 7 mai.

J'ai pris l'engagement de rendre compte à Votre Excellence de la séance de réception du cardinal Maury. Elle avait attiré tout Paris. Six mois d'attente avaient excité une curiosité universelle. La nouvelle salle des assemblées publiques que nous avons au collège Mazarin était comble. Le discours que je joins à mon envoi est composé de trois parties. Dans la première, le récipiendaire parle de lui-même et de son émigration, et de Pie VII qui l'a fait cardinal, et de Target. Elle a été assez bien reçue et a obtenu, en deux ou trois endroits, des applaudissemens, mais partiels seulement et jamais de toute la salle, comme vous en avez entendu souvent. La seconde partie est l'éloge de l'abbé de Radonvilliers, qui a beaucoup moins réussi, parce que le public n'a pas trouvé bon que d'un honnête homme on voulût lui faire un grand homme; parce que les détails dans lesquels il est entré pour faire voir en lui un bon grammairien et un homme charitable, ont paru, avec quelque raison, déplacés et trop minutieux, et enfin, parce qu'ils ont été d'une longueur interminable, de sorte que le bisbiglio, ce chuchotement de quelques centaines de personnes qui se parlent à l'oreille, s'est établi dans la salle et a détruit toute attention, et par conséquent tout intérêt. Enfin, la troisième partie a été un éloge de l'Empereur, dans le genre emphatique porté au plus haut degré et d'une longueur démesurée qui, venant frapper des oreilles déjà excédées d'une heure et demie d'attention, n'a point produit l'effet qu'on en pouvait attendre; de sorte qu'après un discours de sept quarts-d'heure, qui passe de beaucoup la mesure de l'attention qu'on peut donner à ce genre d'action oratoire, les applaudissemens de la fin ont semblé n'être donnés à l'orateur que parce qu'il finissait.

Voilà, au moins, comment j'ai vu l'assemblée et les dispositions des assistans, sauf correction, car l'effet n'était pas toujours le même dans toutes les parties de la salle; j'ai pu me tromper en jugeant par ce qui se passait auprès de moi. Ce que j'ai vu assez clairement, c'est une malveillance marquée du plus grand nombre des membres de l'Institut qui ne lui pardonneront jamais de s'être fait appeler *Monseigneur*, ce qui est assurément un motif de haine bien futile.

Je ne vous dis rien de la manière dont il a parlé de Target, qui a été assez bien prise et qui a paru adroite, vous en jugerez.

Je dois vous dire aussi, que des amis de Target

ayant su d'avance que le cardinal louerait Target, à leur gré trop sobrement, et voulant repousser le reproche qu'on lui fait d'avoir refusé de prendre la défense de Louis XVI, ont fait réimprimer et distribuer à la porte de l'assemblée une lettre écrite quelques jours après son refus, dans laquelle il s'efforce de le justifier. Vous jugerez si la justification est suffisante. Je joins ce petit papier à mon envoi.

J'aurais encore une ample matière à mon bavardage dans le nouveau roman de Mme de Staël, intitulé *Corinne ou l'Italie*, qui paraît depuis peu de jours, si je ne disais à moi-même :

In commoda publica peccem
Si longo sermone morer tua tempora.

Je vous ai mandé, je crois, le mauvais succès des tentatives qu'elle a faites pour se rapprocher de Paris, et qui lui ont attiré un ordre positif de s'en éloigner de nouveau, en lui assignant, dit-on, pour enceinte, qu'elle ne doit pas franchir le département du Léman. Ce besoin qu'elle a de Paris est vraiment une maladie; elle l'a décrite en faisant elle-même son portrait dans son nouveau roman; car, sa Corinne est elle-même. Voyez si vous ne la reconnaîtrez pas tout de suite.

« Vous êtes une personne inconcevable, pro-
» fonde dans vos sentimens et légère dans vos goûts;
» indépendante par la fierté de votre âme, et ce-

» pendant asservie par le besoin des distractions ;
» capable d'aimer un seul ; mais ayant besoin de
» tous. »

Il est temps de terminer cette longue rapsodie. Songez toujours qu'en écrivant ainsi tout ce qui vient au bout de ma plume, j'ai besoin 1° d'indulgence ; 2° que vous m'assuriez que je n'ai pas été hors de propos ; et, à cette occasion, je vous prie de me faire savoir si les folies versifiées que je vous ai envoyées en dernier lieu, et en particulier ma complainte sur mon aveuglement, vous ont amusé un moment. Je vous salue avec tout le respect dû à Votre Excellence et tout l'attachement que je vous ai voué depuis si long-temps.

MORELLET.

LETTRE VII.

Paris, le 12 mai 1807.

Je voudrais écrire à Votre Excellence au commencement de ce mois quelque chose de raisonnable et qui pût intéresser mon auguste et généreux bienfaiteur; ma pauvre tête et mes yeux s'y refusent: mes yeux qui se fatiguent et s'obscurcissent dès que j'ai lu quatre pages, et ma tête (qui, en dépit de l'étymologie, bien incontestable, de son nom *caput*, formé de *capere*, l'action de prendre) n'a plus la force de saisir et de contenir deux idées et de lier deux raisonnemens. Je suis précisément dans l'état où un métaphysicien profond, tel que Degérando, pourrait souhaiter d'être, pour observer la dégradation successive des facultés intellectuelles sur lui-même, si ce malheureux état n'ôtait pas en même temps le goût de l'observation, en rendant pénible les moindres efforts de l'esprit, et en affaiblissant merveilleusement le pouvoir d'appeler à soi et des sujets intéressans et les idées qui appartiennent à chaque sujet; enfin, mon cher et respectable confrère, vous qui avez toute la vigueur de votre tête, représentez-vous un vieillard débile, obligé de faire à chaque pas un nouvel effort pour monter une pente douce, et vous aurez un tableau vrai de ma faiblesse et de ma nullité.

Je prendrai cependant, comme on dit, mon cœur à deux mains pour m'entretenir avec vous et vous écrire ce que je vous dirais sans effort en me promenant avec vous dans les jardins de Morfontaine, où vous seriez aussi bien qu'à Caserte, si vous y étiez avec les maîtres de la maison, et où je ne puis m'empêcher de penser qu'eux-mêmes seraient plus heureux qu'à Naples. *Si fata dedissent.*

Vous avez dû recevoir, et j'imagine que vous aurez peut-être pris le temps de lire les discours de l'Académie. Je vous ai déjà dit quelque chose à l'avance de l'effet qu'a produit sur l'assemblée le discours du cardinal. Comme il l'a très-mal débité, il pouvait gagner à la lecture auprès de lecteurs bénévoles, mais il n'a trouvé presque partout que des dispositions hostiles dans ses lecteurs. L'éloge de l'Empereur, où il y a beaucoup de choses aussi vraies que bien dites, arrivant à un auditoire excédé de six à sept quarts-d'heure d'attention, n'a produit aucun effet. Alexandre défendit à tout autre qu'à Lysippe de faire sa statue. Si j'étais de l'Empereur, je défendrais de coudre mon éloge à tout discours trop long. Cette défense eût embarrassé quelques-uns de nos conseillers d'état et de nos sénateurs.

Je vous dirai, à cette occasion, que vous avez dû

trouver dans les papiers un discours de Fontanes, du 18 mai, prononcé aux Invalides, et du meilleur genre, à quelques traits près, où il a cru devoir dire quelques injures à la philosophie et aux philosophes, mais avec quelque mesure.

Je reviens au cardinal. Le lendemain de sa réception, on a fait courir un bulletin en ces termes : *Le 6 mai, vers les quatre heures après midi, un grand personnage s'est noyé près le pont des Arts.* Et le bulletin dit vrai.

Un fait, que je puis énoncer, parce qu'il est public, me confirme dans cette pensée. L'Empereur a été fort mécontent des deux discours, où l'on cherche, a-t-il écrit, à entretenir des haines et des souvenirs qu'il s'efforce d'assoupir. Je croirais pourtant que l'effet des deux discours ne saurait être bien redoutable, car il a vraiment été nul, et je m'en tiens à un mot de Mercier le Dramaturge, qui a dit : *Voilà bien du bruit pour rien. Eh bien, ce sont deux prêtres, dont l'un dit : dominus vobis cum, et l'autre répond : et cum spiritu tuo.*

Enfin, d'après la manière dont le discours du cardinal a été reçu, je crois désormais difficile qu'il soit jamais mis à la tête de l'instruction publique, place qu'il semble avoir eu principalement en vue en revenant en France. Je vous avoue, au reste, que parmi ce que nous avons ici, je ne connais personne qui puisse suffire à cette besogne, et je crois que cette impossibilité même forcera l'Empereur à changer encore tout le plan de ce grand établissement.

Voici d'autres nouvelles de notre Académie. Nous nous trouvons dans un assez grand embarras, à la suite d'une demande que l'Empereur a eu le temps de nous faire, du sein des plus grandes et des plus importantes affaires dont une tête humaine ait jamais été occupée. De son quartier-général, et au bruit des canons et des mortiers qui foudroient Dantzick, il s'amuse à demander à l'Institut, d'après un ancien statut du temps où l'Institut n'était encore partagé qu'en trois classes, de préparer, pour le 1er janvier prochain, un état des progrès des sciences, de la littérature et des arts, depuis 1789 jusqu'à l'époque présente.

La besogne n'est pas bien difficile pour les autres classes. Dans la première surtout, il y a du positif, des faits à recueillir. On peut montrer des progrès dans la découverte d'une planète ou d'une comète nouvelle ou dans un nouveau procédé chimique, dans de nouvelles expériences sur le galvanisme, dans quelque espèce nouvelle de plantes ou d'animaux, etc.

Dans la troisième classe, on peut avoir découvert et traduit quelque manuscrit arabe ou pelvi; enfin la notice des travaux de nos artistes, la description de quelques monumens anciens sont autant de faits qu'on peut apporter comme des signes non équivoques des progrès en ces différens genres.

Mais notre situation est bien différente. Comment pouvons-nous rendre compte des progrès ou de la décadence de l'art dramatique, sans nous compromettre avec les auteurs vivans, nos confrères Legouvé, Chénier, etc., et de l'éloquence de la chaire et de la tribune et du barreau, sans trouver en notre chemin et des hommes et des choses? Ces considérations ont été alléguées par plusieurs d'entre nous; mais d'autres ont dit, d'après La Fontaine : *alléguer l'impossible aux rois, c'est un abus*, et leur opinion l'a emporté. On a nommé des commissions et force commissaires, mais je n'ai pas grande opinion de leur besogne, quoique je soie l'un d'entre eux. J'ai pris pour ma part les progrès de la grammaire et de la poétique proprement dites. J'ai proposé d'y ajouter la logique, et j'aurais pu faire voir aisément qu'en cette partie notre marche a été tout-à-fait rétrograde. J'aurais pu tirer des exemples frappans de sophismes et de paralogismes dans les discours oratoires, dans les discussions les plus importantes, dans les arrêtés les plus solennels, dans les codes mêmes, lorsqu'ils sont tout faits, etc. Mais j'ai pensé ensuite que cette besogne serait très-forte, surtout à mon âge et pour moi. Je vous rendrai compte de ce qui se fera.

Il nous serait plus aisé de rendre compte des progrès du genre des romans, en faisant l'éloge ou la critique de Corinne; mais un auteur vivant, et une femme!

Je pense bien qu'à quelques momens perdus, soit pendant l'heure de la *Siesta*, si, comme beaucoup de Français, vous ne vous y êtes pas accoutumé, soit pour appeler à vous *il dolce somno oblio del mali*, vous aurez lu quelques pages de cette nouvelle production de Mme. de Staël. Elle réussit ici assez généralement, nonobstant quelques défauts qu'on lui reproche, comme le caractère d'Oswald manqué, la recherche dans l'expression, qui va quelquefois jusqu'à l'amphigouri; le voyage de Corinne en Angleterre et en Ecosse, d'où elle part sans avoir vu son ami qu'elle venait y chercher; sa dernière improvisation déplacée et sans motif raisonnable; l'inconstance d'Oswald, qui n'a aucune raison de ne pas épouser une femme charmante, puisqu'il ne peut être arrêté ni par la fantaisie de son père, qui n'a jugé Corinne qu'encore enfant, ni par son projet de mener une vie politique, qui ne peut pas être plus incompatible pour lui avec son union avec une femme aimable qu'à des milliers de ses compatriotes, qui concilient ces deux choses, etc.

Hélas! par le temps qui court, nous n'avons pas besoin de recourir aux romans pour nourrir en nous cette disposition, dont Mme de Staël fait tant de cas, la mélancolie. Elle peut se repaître de malheurs trop réels. Nous en apprenons un que vous avez eu sous les yeux, la mort de M. de Pomard, fils d'une très-aimable mère, qui l'avait élevé avec un soin extrême et qui en avait fait un sujet de la plus grande espérance. Comme vous l'avez connu et employé, vous pouvez juger mieux que personne de la grandeur de la perte. La mère est inconsolable, et le pauvre Delambre, dont il était devenu le beau-fils, est dans la plus profonde douleur.

Les événemens tristes, en ce genre, se multiplient et se succèdent avec rapidité. J'avais dîné, il y a quatre jours, chez Mme R***, avec Mme de C***, qui nous avait parlé de sa fille avec intérêt, et on vient d'apprendre la mort de Mme Sebastiani, à quelques jours de ses couches. Elle est fort regrettée. Vous aurez eu cette nouvelle avant nous.

Vous aurez su, sans doute aussi, ce qu'on nous dit ici depuis hier, que M. de Luchesini, étant allé voir son fils malade en laissant Mme Luchesini; sa femme, le voyant revenir seul, s'est persuadée que son fils était mort, est tombée sans connaissance et n'est revenue à la vie que folle; et que le mari lui-même en est mort.

Je reviens encore à Mme de Staël. Je ne vous ai parlé encore que de la partie de l'ouvrage qui compose le roman; pour les descriptions de l'Italie, vous pouvez juger de toutes celles des pays que vous avez vus. Il y a des méchans qui disent que l'esprit métaphysique et philosophique, qu'elle possède à un très-haut degré, ne se trouve guère avec le sentiment des arts. En tout le reste, je trouve qu'elle ressemble beaucoup au portrait de sa Corinne.

Des hommes raisonnables voient aussi avec quelque peine, dans l'ouvrage de Mme de Staël, une apologie fréquente et quelquefois jusqu'à de l'admiration, des cérémonies religieuses, de la religion romaine, de la semaine sainte, des moines, etc. Elle paraît adopter ce grand et prétendu principe de la nécessité d'un culte pour le peuple, qui est aujourd'hui le cheval de bataille des dévots politiques contre les philosophes. Elle oublie que la moitié de l'Europe et la moitié la plus religieuse et la plus morale n'a point ou presque point de culte extérieur ; que les madones au coin des rues, et les pélerinages, et les processions, et les moines mendians et autres ont bien plutôt corrompu et perdu la morale et la vraie religion, qu'ils ne l'ont conservée, etc. Mme de Staël, élevée dans la religion protestante et trop éclairée pour être superstitieuse, donne à penser qu'en favorisant cette théorie, elle a voulu se concilier les salons du faubourg St.-Germain, et les auditeurs de M. l'abbé de Fressinous, qui établit dans ses discours, que, sans la croyance aux mystères, aux miracles, et à l'Église catholique, apostolique et romaine, et à ses cérémonies, il n'y a ni probité, ni vertu. Lorsqu'on a élevé devant moi cette inculpation contre Mme de Staël, j'ai répondu pour elle, que je ne croyais pas qu'en prêtant ces avantages au culte catholique, elle eût eu aucune vue politique; et qu'elle avait seulement employé en cela un moyen, une machine de roman.

Je ne me flatte pas que cette excuse soit trouvée bonne par tout le monde. La Corinne de Mme de Staël, qui, dans tant d'endroits du roman, est Mme de Staël elle-même, à genoux et en larmes devant la madone de Lorette; Oswald, qui d'abord s'est étonné de voir une femme d'un esprit si supérieur, se livrant à des pratiques tout-à-fait populaires et qui tout de suite lui dit que lui-même invoque son père dans le ciel, et en attend un secours extraordinaire, une protection miraculeuse, etc.; tout cela va, ce me semble, bien mal dans la bouche de Mme de Staël, parce qu'on ne peut guère se persuader que toute cette mythologie soit dans l'esprit d'une personne comme elle. Voyez les pages 216 et suiv., 2e volume.

Je vous ai écrit longuement, le mois dernier, sur les stéréotypes d'Herhan, et je désire que vous me fassiez une réponse quelconque sur cet objet. Les exemplaires que je vous avais annoncés, n'étant pas partis, sans doute, parce qu'on a trouvé le paquet trop gros, je me contente d'expédier l'exemplaire destiné à Sa Majesté, et que vous obtiendrez bien qu'elle daigne recevoir. Anson s'est chargé de le remettre à M. de la Valette.

Permettez-moi, en finissant, de vous donner une petite commission. Depuis que mes yeux s'affaiblissent rapidement, au point de me faire craindre de les perdre bientôt, incapable d'un travail un peu long, et voulant me ménager une ressource pour le temps où je serai tout-à-fait aveugle, j'ai repris un violoncelle qui était depuis vingt ans dans mon grenier, et je me suis remis à en tirer quelques sons et quelques accords. Or vous saurez que, pour une oreille délicate, c'est une chose très-importante d'avoir de bonnes cordes pour cet instrument, car il y en a beaucoup de fausses, comme il y a beaucoup d'esprits faux. Vous savez que vous êtes dans le pays où se font les meilleures de toute l'Europe; je vous demande de me faire choisir par un maître une demi-douzaine de chacune des deux hautes cordes du violoncelle qu'on appelle *re* et *la*, et dans les moindres grosseurs. Vous trouverez aisément quelque voyageur qui mettra ce très-petit paquet dans un coin de sa malle, à moins que vous n'ayez quelqu'autre moyen de me le faire parvenir avec sûreté, et sans frais de port, qui seraient toujours assez considérables. Vous m'aiderez ainsi à remplir pour moi-même, à la lettre, le souhait qu'Horace adresse à Apollon:

Latœ dones, et precor, integrâ
Cum mente; nec turpem senectam
Degere nec cithara carentem.

Je finis parce que voilà assez de papier gâté. Si j'étais tenté d'en employer davantage, ce serait pour vous dire plus de bien que je ne vous ai dit du roman de Mme de Staël, où je trouve de vraiment belles choses. La pauvre femme avait compté, dit-on, sur l'effet que produirait cette lecture auprès de l'arbitre de son sort pour en obtenir son retour. Elle lui avait envoyé son ouvrage avec une lettre dont elle attendait beaucoup; et on dit que le livre n'a pas plu et que la lettre n'a rien produit. Elle est souverainement malheureuse de ne pouvoir être à Paris. Elle dit des Suisses comme Ovide des habitans des bords de la mer Noire.

> *Barbarus* (on peut passer le solécisme).
> *Barbarus hic ego sum quia non intelligor illis.*
> *I tamen i pro me tu cui licet adspice Romam*
> *Di facerent possem nunc mens esse liber.*

Je vous le répète en finissant. Je suis honteux de ma stérilité et de ma misère. J'ai besoin d'indulgence et besoin que vous m'assuriez qu'on en a. Répondez-moi quatre lignes. Votre Excellence connaît mes anciens sentimens pour elle. Ils ne changeront jamais.

MORELLET.

P. S. Les exemplaires du Racine stéréotypé que je vous ai annoncé dans ma dépêche du mois de mai, sont partis par une voie sûre il y a déjà plusieurs jours, adressés, je crois, à M. Miot.

LETTRE VIII.

Paris, 24 août 1807.

ECCELLENZA E PADRONE MIO COLENDISSIMO,

Il y a plus de deux mois que vous n'avez eu de moi aucun signe de vie ; c'est qu'en effet il y a plus de deux mois que je suis mort. Les grandes chaleurs m'ont tué, puisque c'est sans doute être mort que d'être incapable de toute action et de toute pensée. J'ai pu vous dire comme Panurge à frère Jean dans la tempête : *de présent je suis nul.* Le pis pour moi est que pendant ce temps mes yeux ont été souffrans et se sont fort affaiblis. C'est là ce que je déplore surtout, car si je pousse encore ma carrière un peu plus loin, comment tuerai-je le temps et que faire en un gîte à moins que l'on ne lise ? Vous me renverrez peut-être à La Fontaine qui nous dit :

Un lièvre en son gîte songeait.

Et j'ai vu assez de choses pour avoir de quoi songer ; d'autant mieux qu'on est fort tenté de prendre la plupart des choses que nous avons vues et que nous voyons pour des rêves. Mais pour nous autres songes creux, il n'est bon de songer que lorsque nous pouvons écrire nos songes; et, sans compter les obstacles qui viennent d'ailleurs, quand on a de mauvais yeux on n'écrit qu'avec fatigue et difficulté. Une autre cause de cette inaction est la paresse ou plutôt la faiblesse qu'apporte l'âge, et qui est d'autant plus fâcheuse qu'elle contraste avec une autre disposition de la vieillesse que j'observe en moi et que vous retrouverez, je crois, en vous dans quelques vingt ou trente ans d'ici.

Je remarque donc que, depuis que je suis vieux et notamment depuis sept à huit ans, j'ai une sorte d'activité intérieure plus grande, ce me semble, sur certains objets et par quelques côtés, que lorsque j'étais dans la force de l'âge. Il se présente à la fois à ma tête des foules d'idées et surtout des résultats plus importans et plus nombreux de ce que j'ai lu, vu et pensé pendant le cours d'une longue vie; je sens un désir plus vif de fixer ces idées sur le papier, de recueillir ces résultats, comme moins sûr que je suis de me les rappeler à mon désir, de les retrouver dans ma mémoire, et de pouvoir les rassembler une autre fois. Et en même temps, si je veux mettre la main à la plume, je manque de courage et de force pour ce petit travail, la paresse me détourne de cette occupation toute douce qu'elle est.

J'ai fait depuis cinq ou six mois le projet d'un

petit recueil que j'appellerais les pensées d'un vieillard où je rassemblerais en peu d'espace ces résultats dont je viens de vous parler, et qui, par leur forme même de pensées détachées, sembleraient devoir me donner peu de peine, et je n'ai pas pu jusqu'à présent en écrire une ligne. Si vous avez dans votre pays quelque saint accrédité auquel on fasse des neuvaines pour retrouver ce qu'on a perdu, faites-lui dire quelques messes pour me faire retrouver, non pas le *Scribendi cacœthes*, mais quelque chose de la facilité avec laquelle j'ai mis autrefois du noir sur du blanc, et je m'en servirai à vous conserver les rêveries de ma décrépitude.

Malgré ma paresse et mes mauvais yeux, je cherche toujours avec avidité dans les papiers publics tout ce qui est relatif au pays que vous habitez, et c'est avec un extrême plaisir que j'y vois l'instruction publique, la législation, la civilisation y faire des progrès et affermir un gouvernement raisonnable et régulier, inconnu avant Joseph Ier. J'ai lu avec grand plaisir l'établissement de votre académie, et remarqué qu'on ne lui a pas interdit, comme aux nôtres, la culture des sciences morales et politiques.

Pour me réveiller de l'assoupissement où me jettent et mon âge et les chaleurs de l'été, j'ai pris sur moi la tâche facile de réfuter un fort mauvais ouvrage de critique publié contre le Dictionnaire de l'Académie, par un anonyme qui me paraît avoir un esprit faux et une fausse érudition, et qui s'est avisé de traiter l'Académie avec une extrême impertinence. Vous savez que je ne hais pas la guerre littéraire, et que je l'ai faite jadis *non sine gloria, sed enim* (aujourd'hui) *gelidas tardante senecta sanguis hæret frigentque effetè a corpore vires*, et c'est l'indignation qui m'a donné la force de faire la brochure de soixante pages que je vous envoie, et qui peut amuser les amateurs des discussions grammaticales, au nombre desquels, nous autres grammairiens, nous nous faisons gloire de vous compter.

A propos de critique, vous aurez appris avec quelque surprise l'espèce de révolution qui s'est faite dans l'administration de nos journaux; le Mercure surtout, organisé d'une manière toute nouvelle sous la direction de Legouvé, à qui on donne douze mille francs pour cette facile besogne. On fait d'ailleurs des pensions et des traitemens à beaucoup de gens de lettres avec une grande magnificence. L*** a huit ou dix mille francs de retraite, et on n'en donne guère moins à différens coopérateurs du Mercure qui, comme vous comprenez bien, ne seront pas payés sur le fonds de ce journal, qui n'a pas douze cents souscripteurs. Certes, jamais les lettres n'ont été aussi favorisées, ni au siècle d'Auguste, ni dans celui de Léon X, ni par Louis XIV lui-même; et Dieu veuille que cette grande magnificence ne détourne pas du but qu'on se propose plus qu'elle n'y conduit.

Nous préparons, pour mercredi prochain 26, une de ces assemblées publiques extraordinaires que tient notre classe, pour remplir l'engagement qu'elle a pris de faire l'éloge des membres de l'ancienne Académie qui n'ont pas eu de successeurs immédiats. François de Neufchateau nous donne l'éloge de M. de Nivernois. Nous avons une frayeur extrême qu'il ne s'abandonne à sa faconde. L'expérience nous a prouvé que trois quarts-d'heure d'attention sont le maximum de celle d'une assemblée. Je suis l'un des commissaires pour entendre le discours avant la séance, et je compte employer tous mes pouvoirs à empêcher que le discours ne dépasse pas cette mesure.

Comme il nous importe de conserver la réputation de nos assemblées, nous avons pensé qu'il fallait soutenir notre vile prose par quelques bons vers. Inutilement nous sommes-nous adressés à nos faiseurs Parny, Andrieux, Legouvé, Chénier. L'un dit, je n'y vais point; l'autre, je ne saurais; et nous avons eu beau représenter *l'état indigent de la république attaquée*, nous n'avons rien obtenu d'eux.

Il nous restait Delille. Nous avons fait, Boufflers et moi, le projet d'obtenir de lui qu'il vînt à l'Académie pour nous dire quelque morceau d'un nouveau poëme qu'il appelle *les Trois Règnes*. Nous avons été dîner chez lui, et nous avons bien cajolé sa femme. Ils sont venus dîner chez moi, où j'avais assemblé quelques moyens de séduction, quelques femmes, entre autres Mad. de Greffeuil, et nous l'avons déterminé.

Je reprends la suite de ma lettre, ce jeudi matin, en vous rendant compte de notre assemblée; elle a été très-brillante et pour le nombre et pour l'espèce de nos auditeurs. François a fait un fort bon discours, et point trop long. Delille est arrivé au milieu de sa harangue et a été couvert d'applaudissemens. L'assemblée, disposée par-là même plus favorablement, a applaudi le prosateur. Après quoi Delille, qui, vous vous en souvenez, avait peu réussi en nous lisant un poëme sur *la Conversation*, a voulu reprendre du poil de la bête, et faire accueillir ce même morceau, et il en est venu à bout; ensuite il nous a dit de beaux vers, sur les volcans, qui appartiennent à son ouvrage des *Trois Règnes;* et puis encore quelques vers familiers de son poëme sur la conversation; de sorte qu'assez maladroitement il ne nous a pas laissés sur la bonne bouche; mais, malgré cela, il a été fort bien accueilli, et notre assemblée a très-bien réussi.

Puisque nous voilà sur l'Académie, la mort de Portalis, presque subite, laisse une place vacante. Mandez-moi qui vous croyez appelé à le remplacer, pour l'honneur et le bien de l'Académie. Je croirais assez que l'auteur des Templiers, qui a remporté deux prix, a des titres. Quant au ministère des cultes, il n'est pas aisé de trouver un homme tolérant, point fanatique, raisonnable, décent, et surtout ménageant la chèvre et le chou; mais ce n'est pas mon affaire de trouver cette rareté.

Nous venons d'avoir fêtes sur fêtes : celle du retour de l'Empereur et celle du mariage du roi de Westphalie. Il m'a semblé qu'on a fêté la paix et celui qui la donne, plutôt que les conquêtes et le conquérant, et ce sentiment a été celui du peuple ainsi que celui des gens raisonnables; mais ce qui attire vraiment l'admiration, c'est le grand caractère de ce personnage, auquel l'antiquité n'a rien à comparer, pour l'étendue et l'activité de son génie, qu'il va désormais employer à perfectionner toutes les parties de son gouvernement. Votre prince marche aussi dans la même route, et vous aurez quelque part aussi à la reconnaissance de votre pays.

Depuis ma dernière dépêche, j'ai fait quelquefois ma cour à S. M. la reine, qu'on ne peut voir sans être frappé de son extrême bonté et de son extrême simplicité. Je m'y suis trouvé avec Lécuy, et elle m'a renouvelé la permission d'aller à Morfontaine, avec une bienveillance si marquée, que, dès qu'elle y retournera, et c'est-à-dire, après les fêtes du mariage de la reine de Westphalie, je ferai cette entreprise, car c'en est une à mon âge que de se déplacer, même pour peu de jours.

Je ne grossirai pas mon paquet de plus d'écritures, attendu que je vous envoie un gros imprimé;

et vous n'avez qu'à vous imaginer que c'est une dépêche.

Excusez auprès de mon auguste bienfaiteur une paresse et une stérilité qui sont l'effet nécessaire de l'âge, et profitez de toutes les occasions qui peuvent s'offrir à vous, de lui parler de ma vive et respectueuse reconnaissance.

Vous connaissez depuis longues années les sentimens qui m'attachent à vous.

MORELLET.

Avez-vous pensé aux stéréotypes d'Herhan?

LETTRE IX.

1er Septembre 1807.

Je suis bien peu en état d'écrire à Votre Excellence, de manière à l'intéresser. Mes yeux et ma tête s'affaiblissent en même temps et sensiblement. Je ne puis guère lire ni écrire une heure de suite, sans fatigue et sans douleur; et lorsque je ne puis faire ni l'un ni l'autre, je n'ai plus que des pensers vagues, fugitifs, et incohérens comme ceux des rêves. Je voudrais que quelque métaphysicien subtil, comme Degérando, pût m'observer et m'expliquer moi-même, à moi-même; en attendant, je me trouve peint dans Lucrèce avec beaucoup de vérité.

Post ubi jam validis quassatum est viribus œvi
Corpus, et obtusis ceciderunt viribus artus;
Claudicat ingenium, delirat linguaque mensque,
Omnia deficiunt atque uno tempore desunt.

Pardonnez donc ma stérilité à ma décadence et à ma faiblesse; je suppose que Votre Excellence, ainsi que mon auguste bienfaiteur, vous mettez toujours un vif intérêt à notre littérature, et que vous apprendrez avec peine et les pertes que nous avons faites et la difficulté avec laquelle nous les remplacerons. Portalis, Lebrun, et plus récemment Dureau, nous laissent trois places vacantes. Croyez-vous que nous puissions trouver trois sujets propres à les remplacer? Je vous le donne en quatre. Nous avons pourtant vingt candidats : il y en a qu'on n'entend pas nommer sans rire. Nous avons cru, Suard et moi, et nous avons tâché de propager notre opinion parmi nos confrères, qu'avec trois places vacantes c'était le vrai moment d'exercer le droit que nos statuts nous laissent, d'appeler à nous des membres des autres classes; qu'avec une pénurie assez marquée de talens distingués, nous ne pouvions rien faire de mieux que de nous donner pour confrères quelques-uns des hommes de la première classe, connus en Europe, comme Lacépède, Laplace, Delambre, Cuvier, qui jouissent dans le monde savant d'une si grande réputation, et dont les noms honoreraient notre liste.

Après l'un de ces hommes-là, si nous ne pouvons pas en avoir deux de suite, mon avis est de nommer Raynouard, auteur des *Templiers*, qui ont eu quarante représentations, et de pièces qui ont remporté le prix à l'Académie.

Reste une troisième place, qui court risque d'être donnée au vieux Laugon, qui n'a de titre que l'*Amoureux de quinze ans*, ou à Saint-Ange, qui a, dans ses Métamorphoses, un assez beau titre littéraire, mais qui est un peu vain; qui, sitôt qu'il sera notre confrère, se couvrira à coup sûr de ridicules qui rejailliront sur nous. Vous voyez le danger de cette situation. Que n'êtes-vous ici, pour nous aider à éloigner de nous les malheurs dont nous sommes menacés ! Notre élection est fixée au 7 octobre; vous en trouverez le résultat dans les papiers publics, si je ne vous écris pas encore avant ce temps-là.

Nous avons eu hier, 3 octobre, notre assemblée publique de la classe des arts, où l'on a distribué les prix de peinture, de sculpture, etc., et où, après la distribution des prix, s'est faite l'inauguration de la statue de l'Empereur, que l'Institut avait votée, et qui est placée dans la salle de nos séances publiques (le dôme Mazarin), derrière le bureau où sont les officiers. Après la distribution, on a exécuté une cantate dont les paroles sont d'Arnault, et la musique de Méhul. La musique m'en a paru bien faite, quant aux paroles je vous en envoie un exemplaire, dans lequel un critique, difficile à contenter, a souligné les traits et les expressions dont il est mécontent, et a fait quelques remarques que je vous envoie.

Mais je vous fais observer qu'un ouvrage de commande, et destiné à être mis en musique, doit être traité avec indulgence. Ce n'est pas par des productions de ce genre qu'on peut juger le talent. Voilà, je crois, de quoi excuser le critique (1).

---

(1) L'exemplaire critiqué à la marge ne s'est pas retrouvé. (*Note de l'Éditeur.*)

Je ne sais si l'on vous a envoyé l'ouvrage nouveau de Parny, intitulé les *Roses-Croix*. Ce sont des combats sans motif et sans fin, et des héros sans nombre, qui tous ont des noms pires que celui de Childebrand, Engist, Oswal, Althor, Edgitha, Alkent, Genisthal, Erich, Odror, Erloff, Lodbrown, Ladnor, Lambdarck, Insleff, etc. Enfin, ils sont plus de quatre-vingts, comptés un par un, sans qu'aucun attire l'attention et excite l'intérêt, de sorte que ceux qui tentent de lire disent tous : *Moi je n'ai pas pu passer le second chant; moi, je suis resté à la moitié du second*, etc. J'en suis fâché pour Parny, qui est un bonhomme; mais il n'y a bonhommie qui puisse faire prendre en patience un tel ennui.

Vous apprendrez, je crois, avec quelque satisfaction, la nomination de Pictet, ci-devant tribun, à une place d'inspecteur des études. Vous savez que c'est un homme très-instruit, très-estimable et d'un très-bon esprit. Il pourra être utile dans la nouvelle organisation de cette partie projetée depuis si long-temps et dont on a déjà présenté quinze à dix-huit plans différens. Les génevois n'ont pas été atteints, autant que nous, du vandalisme révolutionnaire, et ils ont conservé beaucoup de bonnes choses dans leur instruction publique. Ils peuvent nous donner de bons exemples et de bons conseils.

MORELLET.

LETTRE X.

8 Octobre.

Nous avons eu hier notre élection, nous étions vingt-cinq; ainsi que je l'avais prévu, Laujon a remplacé Portalis, et Raynouard Lebrun. Ainsi, le projet d'appeler parmi nous quelques membres de la premiere classe a échoué, au moins pour cette fois. Il est même arrivé pire; car, Suard ayant fait, avant de procéder aux élections, quelques observations fort sages et très-mesurées sur les avantages que nous trouverions à puiser dans cette source, il a été combattu avec aigreur et avec véhémence par plusieurs opposans, à la tête desquels était Chénier, qui ont voulu faire craindre plusieurs inconvéniens de cette pratique, laquelle n est pourtant que l'exercice d'un droit donné à la classe par ses statuts et exercé par l'Académie française, utilement pour elle. Mais cette discussion a amené un étrange résultat; les opposans faisant flèche de tout bois, ayant argumenté d'abord contre l'admission des sujets indiqués dans les observations de Suard (seulement comme exemples), et qui étaient Lacépède, Laplace, Delambre et Cuvier, ont dit qu'ils n'étaient pas au nombre des candidats, qu'ils ne s'étaient pas présentés. Suard a répondu que la formalité des visites ayant été supprimée, il avait été réglé qu'il suffirait, pour être censé candidat, d'avoir inscrit son nom comme tel à la secrétairerie, ou qu'un membre déclarât à la compagnie qu'il était chargé de son vœu, et que cette déclaration, il venait de la faire pour ces Messieurs.

Sur cela, et pour oblitérer autant qu'il était en eux les traces que pouvait laisser la citation honorable que Suard avait faite de ces quatre noms, voilà-t-il pas qu'Arnault, Regnault, Bigot établissent qu'on n'a dû désigner, ou nommer, ou louer personne; que tous les membres de l'Institut doivent être regardés comme candidats nés; qu'il faut supprimer pour eux, même la petite formalité de se faire inscrire ou présenter par un académicien, etc.

On leur a répondu qu'en indiquant quelques membres distingués des autres classes, on n'en excluait aucun; que tout membre pouvait ajouter à ces noms ceux qu'il jugerait à propos, les Fourcroi, les Dacier, les Daunou, etc.

On leur a dit que les autres classes ne donnaient pas à la seconde les mêmes facilités; qu'au moins faudrait-il attendre que la réciprocité fût établie, etc.

On leur a demandé s'il faudrait, à chaque élection, lire la liste de tous les membres des trois autres classes. On leur a enfin représenté que leur système était une violation positive d'un des articles de nos statuts, qui porte que *la nomination à une place vacante ne pourra tomber que sur l'un de ceux qui seront inscrits comme candidats au secrétariat, ou qui se seront fait inscrire par un des membres de la classe, et qui seront compris dans une liste formée par le secrétaire*, régl. de la 2e classe, art. 10; et qu'il n'était ni raisonnable, ni décent d'abolir, par une délibération subite, un réglement compris dans nos statuts.

Rien de tout cela ne les a arrêtés, et ils sont parvenus à faire décider que tout membre de l'Institut était candidat né pour la deuxième classe; décision qui est vraiment ridicule par l'absurdité dont elle est, et par son inutilité pour ceux-là même qui l'ont obtenue (1).

Voilà assez de futilités dont je vous entretiens. Je finirai par me plaindre à vous-même de ce que je n'ai jamais de vos nouvelles. Ne pourriez-vous pas me dire, en peu de mots, nous faisons tel ou tel bien à ce peuple, nous faisons faire tel et tel progrès à sa civilisation, le gouvernement se fait aimer? Je désirerais aussi que vous me rassurassiez sur la crainte qui me tourmente, que ma

(1) Deux des académiciens proposés par M. Suard ont bien prouvé qu'ils étaient non-seulement *candidats nés*, mais *académiciens nés*, puisqu'ils ont consenti à s'asseoir à la place de collègues qui n'étaient pas morts. (*Note de l'Editeur.*)

correspondance ne soit point du tout goûtée. Voilà mes souhaits, mais je comprends qu'il est possible que vos occupations ne vous laissent pas le pouvoir de les satisfaire.

Je salue humblement Votre Excellence, en la priant de mettre mon hommage aux pieds de mon auguste bienfaiteur.

MORELLET.

LETTRE XI.

Fin d'octobre 1807.

Ce n'est pas à Son Excellence que j'écris, c'est à mon ancien ami, au sein duquel je puis verser mes peines. Vous aurez appris, par les papiers publics, la mort du pauvre Cheron, mon neveu, préfet de Poitiers, enlevé à quarante-neuf ans par une fièvre bilieuse, avec les circonstances les plus douloureuses pour sa femme et pour moi et toute notre famille. Sa femme était venue avec son enfant et sa sœur passer six semaines chez moi, aux sollicitations pressantes de son mari, auxquelles elle avait résisté long-temps. En partant, elle avait exigé de son cousin, le deuxième fils de Marmontel, secrétaire particulier du préfet, de venir la chercher en toute diligence, si son mari tombait malade. Au commencement de novembre, elle avait terminé avec succès auprès des ministres diverses affaires dont son mari l'avait chargée, et je comptais jouir plus librement de sa société pendant la quinzaine qu'elle pouvait encore me donner, lorsque j'ai vu arriver mon neveu Marmontel, venu en trente heures de Poitiers. Ma pauvre nièce est frappée comme d'un coup de foudre, et agitée par les plus sinistres pressentimens. Elle part sans perdre un instant; elle part le lundi à deux heures, va jour et nuit, et arrive le mardi à onze heures du soir à Châtellerault, à dix ou douze lieues de Poitiers. Là, le sous-préfet, prévenu par un courrier de l'évêque, l'arrête, et se voit forcé de lui apprendre le funeste événement qui ne lui permet pas d'aller plus loin. Son mari était mort le matin de ce jour-là même. Figurez-vous cette douleur, si vous pouvez. Enfin, elle se remet en voiture, et revient chez moi où elle est depuis le 15 octobre, dans un état à faire pitié, repoussant toute consolation et rendant, comme vous le comprenez, mon intérieur fort triste.....

Ce n'est pas seulement à sa veuve que la mort du préfet est funeste. Le second fils de Marmontel, qui avait trouvé auprès de lui un petit emploi propre à le former aux affaires, demeure sans état et il lui faut trouver une autre carrière. Une autre nièce, sœur de Mme Cheron, qui, avec une pension que je lui faisais, avait trouvé chez lui et auprès de sa sœur un asile, n'en a plus que chez moi. Heureusement les bontés de S. M. le Roi de Naples m'ont mis en état de pourvoir à ces nouveaux besoins. Ainsi, ce triste événement augmente encore en moi le sentiment de la reconnaissance que je lui ai vouée *namque erit ille mihi semper Deus.*

Maintenant, il faut que je vous apprenne un petit fait auquel vous ne vous attendez guère, et qui doit avoir assez naturellement pour moi un résultat important. Je viens d'être porté par l'assemblée électorale de mon arrondissement, candidat au Corps législatif pour la commune de Paris; et comme j'ai un très-grand nombre de sénateurs dans ma manche, comme, par exemple, à peu près tous mes confrères à l'Institut et une infinité d'autres, mes amis me disent qu'il est impossible que je ne sois pas nommé. Que dites-vous de cette ambition qui me prend dans ma quatre-vingt-unième année? N'est-elle pas plus ridicule que celle de l'octogénaire de Lafontaine, qui plantait. Quoiqu'il en soit, le dé est jeté. L'élection par le Sénat se fait, je crois, vers le milieu de décembre. Si vous étiez à Paris, vous voteriez pour moi. Dans votre éloignement faites ce que vous pourrez.

Nous avons choisi, pour la dernière de nos places vacantes, Picard, encore fraîchement arrivé *de la petite ville*, et qui n'a eu que le temps d'essuyer son rouge. Je ne lui ai pas dissimulé que cette considération m'avait empêché de lui donner ma voix, et que j'aurais voulu quelqu'intervalle entre ces deux périodes de sa vie. Maintenant, je le trouve fort bon confrère et homme d'esprit.

Au reste, les grâces pleuvent sur lui. Il a eu, il y a quinze jours, deux mille écus de pension et, tout-à-l'heure, on lui a accordé douze à quinze mille francs de plus en le faisant directeur de l'Opéra. Vous voyez que

Principibus placuisse viris non ultima res est.

Et que peut-on, en effet, payer mieux que le plaisir !

Vous saurez maintenant que la réception des trois derniers académiciens que nous avons nommés se fera en une seule séance, parce que le pauvre Saint-Pierre nous a déclaré qu'il ne pouvait pas produire trois discours d'ordinaire durée, ni se produire lui-même trois fois. C'est mercredi prochain que se fera cette réception en masse, et j'ai bien peur, en effet, que ce ne soit une masse bien lourde, tellement que je délibère, à part moi, si j'y assisterai.

LETTRE XII.

Du 25 novembre.

Vous voyez une grande lacune dans mes écritures, et vous en imaginez facilement la raison dans ma situation, que je vous ai déjà fait connaître, et où m'a mis la mort de Cheron, l'arrivée de sa veuve chez moi, les démarches qu'on a toujours à faire en pareil cas, pour assurer le sort d'une femme et celui de son enfant; les visites que j'ai à faire aux sénateurs dont j'ambitionne le suffrage, et, brochant sur le tout, mes occupations académiques qui ne laissent pas de me prendre du temps par le travail qu'elles me donnent comme secrétaire de la Commission.

Ce mot d'Académie m'avertit de vous dire comment s'est passé notre séance de réception des trois nouveaux membres qui a eu lieu hier. Laujon a fait un discours de vingt minutes, qui n'a presque pas été entendu et qui, dans ce que j'en ai ouï m'a paru bien insignifiant. Après lui, Raynouard nous a débité, avec son accent provençal, un beau et bon discours plein de dignité et de traits qui ont été applaudis, dans lequel il a voulu montrer l'influence que peut avoir la tragédie sur les mœurs et le caractère des nations, ce qui l'a conduit à établir qu'il faut que les auteurs tragiques choisissent des sujets dans l'histoire de leur pays. Je n'ai pas trouvé qu'il ait bien prouvé sa thèse; mais je me suis rappelé ce que l'abbé Raynal nous contait de lui-même : *Quand jé suis venu à Paris, jé mé suis mis à prêcher et jé né faisais pas mal; mais javais un assent de tous les diables.* Picard, à son tour, nous a fait un discours assez gentil, allant à sa physionomie, assez convenable dans sa bouche, et bien accueilli du public. Enfin, le pauvre Saint-Pierre a paru sur la scène, ou plutôt son discours, prononcé par François de Neufchâteau, dans lequel, après avoir dit trois mots aux trois récipiendaires apostrophés l'un après l'autre par leurs noms, il s'est jeté dans des réflexions sur la philosophie, dont il a prétendu se faire l'apologiste et le vengeur. Son discours a duré près d'une heure et m'a paru en durer quatre. Je n'ai, de ma vie, éprouvé un ennui plus cruel, ni une impatience plus grande. Le public bâillait, toussait, causait; enfin, on n'a jamais renvoyé un auditoire plus mécontent.

Cet inconvénient a résulté de la mauvaise mesure prise pour la nouvelle Académie, de faire examiner ce qui doit être lu par des commissaires tirés au sort qui, inconnus du public et n'ayant aucune responsabilité envers lui, ne s'embarrassent guère de le laisser ennuyer dans l'Assemblée publique, et ne veulent pas, pour cela, censurer avec sévérité ce qu'on leur présente. Dans l'ancienne Académie c'était le président, le chancelier et le secrétaire qui répondaient de ce qu'on lisait et qui étaient là sous les yeux du public; et je puis dire avec assurance, qu'avec cette organisation jamais on n'eût laissé le président débiter un *non sense* et un bavardage pareil à celui que le Saint-Pierre avait dans son portefeuille, et qu'il a voulu placer là contre toute convenance et absolument hors de propos.

Vous me direz que je juge bien sévèrement un homme qui a montré du talent. Mais que voulez-vous, j'avertis, comme Gil Blas, l'archevêque de Tolède qu'il commence à radoter. Ses anciens sermons peuvent avoir été fort beaux, mais celui-ci ne vaut rien. Je puis, il est vrai, me dire à moi-même, comme l'ivrogne qui voyait un de ses pareils tombant auprès d'une borne: *Voilà pourtant comme je serai dimanche.*

Mais je prie très-sérieusement mes confrères et mes amis de m'avertir quand je ferai des pièces d'éloquence dans le goût de celle que j'ai entendue hier de Saint-Pierre, qui est pourtant loin d'avoir, comme moi, tout-à-l'heure quatre-vingt-un ans sonnés.

Je finis, en priant Votre Excellence d'excuser la

stérilité, la pauvreté de mes petites dépêches, pour lesquelles j'avoue que notre littérature actuelle ne me fournit pas de matériaux suffisans.

Je suis bien son ancien et dévoué serviteur.

MORELLET.

LETTRE XIII.

20 Janvier 1808.

Je commence toujours mes lettres à V. Ex., de la même manière, en vous disant ce qui est vrai, que je suis incapable d'écrire rien qui mérite votre attention et celle de mon auguste bienfaiteur, envers qui je demeure sans m'acquitter de la moindre partie de la dette de ma reconnaissance; mais sa générosité n'en est que plus grande. Vous souvenez-vous de l'éloge que Mme Geoffrin faisait des ingrats, et que j'ai recueilli dans la brochure intitulée Portrait de Mme Geoffrin, lorsqu'après sa mort, d'Alembert, Thomas et moi, à chacun desquels elle laissait une rente de 1,200 fr., nous fîmes chacun son éloge à notre manière et sans nous être concertés. Elle avait les remercîmens en aversion; elle disait qu'elle voulait *se payer par ses mains*, et qu'elle savait bien goûter toute seule et sans qu'on l'en avisât, la satisfaction qu'il y avait à obliger; et pour s'épargner ce qu'elle appelait les inconvéniens de la reconnaissance, elle disait hautement qu'elle aimait les ingrats, et faisait souvent l'éloge de l'ingratitude.

Je me prévaux de la maxime de Mme Geoffrin, en rabattant quelque chose de ce qu'elle a de dur et de paradoxal, pour obtenir quelqu'indulgence à l'insuffisance de mes moyens de prouver ma reconnaissance.

Depuis ma dernière et très-mesquine dépêche, où je crois vous avoir parlé du compte que l'Empereur a demandé à toutes les classes de l'Institut, des progrès des sciences, des lettres et des arts, qui devait lui être rendu en Conseil d'état, S. M. elle-même a reconnu que ce compte, qui paraît devoir former deux volumes in-4°, ne pouvait être lu ainsi et il a demandé que chaque classe fît un extrait du sien, de la durée d'un quart-d'heure ou d'une demi-heure au plus. On n'a pas encore donné de jour à la première classe; quant à celui de la nôtre, je ne sais si je vous ai mandé que la classe en avait chargé Chénier, en vertu d'une délibération prise manifestement pour donner ce dégoût à Suard, qui d'ailleurs ne s'embarrassait guère de prendre ce travail sur lui, mais qui n'a pas laissé d'être sensible à cette espèce d'injure, qui lui refuse ce que toutes les autres classes ont regardé comme un droit de leur secrétaire; ce qui est d'autant plus mal, que Chénier n'est pas très-bien voulu, comme vous le savez mieux que moi. Son rapport, au reste, n'est pas fait et ne peut être fini qu'à la fin de février.

Je vous ai mandé la perte affreuse que ma nièce Cheron a faite de son mari, préfet de Poitiers.

Elle et son mari ont laissé de profonds regrets à Poitiers. Le département a voté un monument à Cheron. L'Empereur a donné 1,200 fr. de pension à la veuve et une bourse entière à son fils au lycée Napoléon; mais la mère est inconsolable, et sa douleur est, à la lettre, du désespoir.

Une autre perte, à laquelle elle et moi ne pouvons manquer d'être bien sensibles, est celle de Mme de Vergennes, qui ne peut guère passer deux ou trois jours, étant au dernier période d'une maladie douloureuse, qui depuis plus de deux mois la tient sur la roue. Elle avait pour ma nièce et pour moi beaucoup d'amitié. Elle était aimable, spirituelle et gaie. C'est une vilaine chose que de vieillir pour voir ainsi mourir tous ses amis.

Nous voici à la veille de la nomination des membres du Corps législatif par le Sénat. Les procès-verbaux des élections une fois remis à l'Empereur, il doit les adresser au Sénat et les élections se font de suite. Mes amis me disent tous que mon succès n'est pas douteux; que je passerai le premier au scrutin du département de Paris; que j'aurai une grande majorité, etc. Mais je me rappelle le proverbe du pays que vous habitez *non si dice quattro se non e nel sacco.* Je me flatte que, depuis que vous savez que je suis sur les rangs, vous aurez parlé de moi avec intérêt aux sénateurs avec lesquels vous pouvez avoir eu quelques relations. M. de Jaucourt m'a dit à plusieurs reprises, des choses obligeantes relatives à ma candidature. Si S. M. le grand électeur eût été ici, j'aurais invoqué ses bontés et vous me les auriez obtenues. En son absence, le vice-grand électeur m'est très-favorable.

J'apprends dans ce moment la mort de la pauvre Mme de Vergennes.

Vous trouverez ci-joint, et dans un cahier à part, quelques observations qui pourront ne pas vous être indifférentes, où j'ai eu occasion de m'autoriser de votre suffrage pour relever la légèreté avec laquelle un M. Bernardi, dans les Archives littéraires, a parlé de Voltaire et de Beccaria. Je mourrai, comme vous le voyez, le Don Quichotte de la philosophie, et les armes à la main contre ses détracteurs. Je vous envoie ce petit papier à part, parce que je ne suis pas encore décidé à l'imprimer, et que, quand je le voudrai, les archives ne voudront peut-être pas le recevoir.

Il paraît une Vie de Fénélon, en trois gros volumes, par M. de Beausset, l'ancien évêque d'Alais. Je n'en ai rien lu encore, mais l'écrivain est homme de goût et homme d'esprit, et je crois bien qu'Andrieux n'oubliera pas de l'envoyer à S. M., si tant est qu'on la tienne ainsi au courant de ce qui s'imprime.

Je ne vous parle pas du roman de Mme de Genlis, parce que je n'imagine pas que vous ayez le temps de vous occuper de pareilles fadaises. C'est à présent le sujet de toutes les conversations et matière à cent articles de journaux. Mais en général, le ridicule des capucinades et le but manifeste du roman, de combattre les idées raisonnables, ne peuvent réussir auprès de toute personne de quelque sens.

Je fais de temps en temps, au Luxembourg, ma cour à S. M., qui me traite avec l'extrême bonté dont le ciel l'a douée, et qui lui attache tous ceux qui ont l'honneur de l'approcher.

Je ne saurais finir ma dépêche sans y glisser un mot de plainte douce, du silence que Votre Excellence garde avec moi depuis trop long-temps. Quoi! pas un mot dans toute l'année! et votre fils est venu et je ne l'ai pas vu! Mais ma plainte se tourne bientôt en commisération pour le pauvre ministre, que je suppose n'avoir pas un moment pour respirer et s'entretenir avec ses vieux amis. Mes plaintes sont donc injustes.

Je fais mes complimens respectueux au nouveau grand-officier de la Légion-d'honneur, moi, simple légionnaire, et je lui souhaite, au commencement de cette année, tout ce que son cœur désire, en le priant surtout, de conserver son amitié à son ancien ami et dévoué serviteur.

Morellet

OBSERVATIONS

SUR UN ARTICLE DES ARCHIVES LITTÉRAIRES.

On trouve au 48e numéro des Archives littéraires, ouvrage périodique très-estimable, une annonce d'un projet de Code criminel, par M. Bexon, dans laquelle, en rendant justice au travail de ce jurisconsulte éclairé, on ne la fait pas entière à quelques-uns des écrivains du dix-huitième siècle qui l'ont devancé dans cette carrière, Beccaria et Voltaire.

La manière dont l'auteur de l'annonce les juge n'est pas, il est vrai, celle d'une espèce de critiques, qui ont pris à tâche de décrier, sous le nom de philosophes, la plupart des ouvrages des auteurs qui ont illustré la dernière moitié du siècle qui vient de finir. Il ne se permet aucune invective, mais il ne leur rend pas assez de justice, et les traite avec une sorte de légèreté que je prendrai la liberté de relever.

Je défendrai des hommes avec qui j'ai eu des liaisons, dont le souvenir m'est encore précieux; sous la bannière desquels j'ai marché, et avec qui j'ai combattu souvent pour les mêmes causes.

« A en croire, dit le critique, quelques écri- » vains du siècle dernier, tout était à refaire dans » la législation criminelle. Cependant, ajoute-t-il,

» l'Europe moderne avait tiré sa législation criminelle du droit romain, et en particulier des derniers livres du Digeste, qui renferment tout ce » qu'on a pu dire sur ce sujet important, de plus » exact, de plus juste, de plus humain, à l'exception de l'article de la question. »

Cette manière d'entrer en matière annonce assez l'esprit d'improbation qui a guidé le critique dans tout cet article. Comme si on ne pouvait rendre justice à M. Bexon et à son projet de Code, sans trouver mauvais ce qu'on a fait dans le même genre avant lui, ou plutôt insinuer une opinion défavorable du dernier siècle, ce qui est aujourd'hui le but avoué d'un grand nombre de modernes écrivains.

Je ferai remarquer d'abord l'exagération dans les éloges que fait le critique de la jurisprudence criminelle établie par le droit romain. Si les livres du Digeste renferment *tout ce qu'on a pu dire de plus exact, de plus juste, de plus humain, de mieux approprié à la nature humaine*, à l'exception d'un seul article, que resterait-il à faire en cette partie si ce n'est d'abolir la question? De quelle utilité peuvent être de nouvelles recherches et l'ouvrage même de M. Bexon, et les observations du critique? Il ne faut plus que calquer nos lois sur le droit romain.

A en croire quelques écrivains, tout est à refaire. Cet exposé n'est pas exact. On a dit que la jurisprudence criminelle était partout fort imparfaite et qu'il y avait *beaucoup à refaire*, et cette assertion n'est pas contestable et n'a rien d'exagéré.

M. de Voltaire, que le critique paraît surtout avoir eu en vue, ainsi qu'on le reconnaît dans la suite de l'article, M. de Voltaire, dans le petit ouvrage qui a pour titre *Commentaire sur le livre des délits et des peines*, dit tout en commençant : *Je me flattais que cet ouvrage adoucirait ce qui reste de barbare dans la jurisprudence de tant de nations.* Celui qui veut qu'on adoucisse ce qui reste de barbare, ne dit pas et ne croit point que tout soit barbare, ni que tout soit à refaire.

On peut dire aussi qu'il ne faut pas prendre à la rigueur cette expression *tout est à refaire*, si quelque écrivain s'en est servi, car elle ne signifie au fond rien autre chose, si ce n'est qu'il y a beaucoup à refaire.

Mais qu'il y eut alors, et qu'il y ait encore beaucoup à refaire dans la jurisprudence criminelle, c'est ce dont le critique convient lui-même quelques lignes après, lorsqu'il dit : La jurisprudence criminelle en France méritait, à juste titre, la censure des amis de l'humanité, par la sévérité outrée de ses formes et par l'atrocité de quelques-unes de ses peines. *Le Code criminel d'Angleterre, qu'on a voulu donner comme un modèle, est celui qui renferme les peines les plus atroces.*

On trouve aussi vers la fin de son article ces paroles remarquables, qui le mettent en contradiction avec lui-même d'une manière bien sensible : *La plus grande confusion règne encore dans nos lois criminelles, et la preuve certaine qu'il n'est pas aisé d'y remédier, c'est que le gouvernement actuel, qui a remis l'ordre dans tant d'autres parties, est encore à réfléchir sur le parti à prendre à l'égard de celle-ci.* Ne peut-on pas demander comment le critique qui établit ainsi l'imperfection de nos lois criminelles trouve mauvais qu'on ait dit qu'il y avait beaucoup à refaire, puisque l'expression qu'il substitue à celle-là dans son sens ordinaire, n'est pas plus forte que celle-ci.

« Beccaria fut le premier qui attaqua le système » de la jurisprudence criminelle dans son Traité des » délits et des peines, écrit avec une emphase » métaphysique, que beaucoup de gens prirent » pour de l'éloquence. »

Je combattrai ce jugement si leste, par de grandes autorités. 1° C'est sur l'invitation de M. de Malesherbes et sur l'exemplaire que lui-même avait confié à l'abbé Morellet, que le traité *de i delitti* a été traduit; c'est de lui-même, comme magistrat préposé à la librairie par M. le chancelier de Lamoignon, son père, que l'abbé M....... a obtenu la permission d'imprimer sa traduction; et tous les hommes de lettres qui ont eu le bonheur de vivre dans la société de M. de Malesherbes savent qu'il a constamment fait une grande estime du livre.

Je rapporterai à ce sujet un fait de quelque intérêt. C'est que, peu de temps avant l'emprisonnement qui l'a conduit à l'échafaud, il avait demandé à l'abbé M......., sur l'ouvrage de Beccaria, quelques observations qu'il se proposait d'employer dans un travail sur cette matière, conservant ainsi, au milieu des horreurs de la révolution, et pour ainsi dire sous la hache, l'espoir et le désir de voir la législation se perfectionner dans des temps meilleurs, et voulant lui-même contribuer à faire ce bien à sa nation et à l'humanité.

2° C'est un fait connu, que Beccaria, invité par M. de Malesherbes, M. Turgot, M. d'Alembert, M. Helvétius, M. de Buffon, M. Trudaine, etc., à venir à Paris recevoir les témoignages de l'estime que son ouvrage lui avait acquise, y trouva en effet ce qu'on lui avait annoncé, un accueil distingué des hommes les plus célèbres de France.

3° A des témoignages d'un si grand poids, s'il est nécessaire d'en ajouter d'autres, je dirai que lord Mansfield, premier juge du Banc du roi en Angleterre, et l'un des hommes les plus éclairés de son siècle, disait, et que je lui ai entendu dire, que le Traité des délits, de Beccaria, était *un des plus beaux ouvrages et des plus utiles qui eussent paru depuis cent ans.* Et le jurisconsulte Blachstone, en ces matières l'oracle et la lumière de la jurisprudence anglaise, dans son Commentaire sur les lois, cite souvent Beccaria avec éloge, et ne le combat qu'avec les égards qu'on doit au génie jusque dans les méprises dont il n'est pas toujours exempt.

Je ne connais point l'auteur de l'annonce que je critique ici. Il peut avoir beaucoup de lumières ; mais on peut lui demander quelle autorité lui donnent donc ses talens ou son état, qui puisse balancer celle qu'on vient de lui opposer ; et pourquoi et à quel titre il blâme Voltaire de s'être donné un droit que lui-même s'attribue. Il a certainement, comme tout le monde, le droit de mettre son opinion en opposition à celle des plus habiles gens du monde, droit qu'il faut respecter d'autant plus soigneusement que les objets sur lesquels il s'exerce sont plus importans ; mais il me semble qu'en contrariant ainsi le sentiment de tant d'hommes éclairés, il faudrait s'énoncer avec plus de réserve.

En second lieu, le succès de l'ouvrage dans l'Europe entière en établit assez bien le mérite réel, pour qu'on ne puisse le contester. Il y eut en France sept éditions de la traduction française, en six mois, et l'ouvrage fut bientôt traduit dans presque toutes les langues de l'Europe.

Je trouve ce grand succès attesté dans une lettre adressée à la fille de M. Beccaria, à la tête d'une édition de la traduction française, donnée en 1798 par M. Rœderer, aujourd'hui ministre des finances du roi de Naples. « Le Traité des délits et des » peines, dit M. Rœderer, a tellement changé l'es- » prit des anciens tribunaux criminels en France,

» que, dix ans avant la révolution, les magistrats » des Cours, et je puis l'attester puisque je l'étais » moi-même, jugeaient plus selon les principes de » cet ouvrage que selon les lois; et que c'est dans » le Traité des délits que les Servan, les Dupati ont » puisé leurs vues et peut-être leur éloquence, etc. »

Et à ce passage je puis ajouter ces propres paroles du critique lui-même : *Ce livre*, dit-il, *fit sur les esprits l'impression la plus vive et fut reçu avec transport dans toute l'Europe.*

Or, je le demande, est-ce avec de *l'emphase métaphysique qu'on excite les transports de toute l'Europe, qu'on fait sur les esprits l'impression la plus vive?* Qu'est-ce que l'éloquence, si ce n'est l'art de produire une pareille impression; et n'a-t-il pas fallu de l'éloquence, et de la plus grande, pour obtenir de si puissans effets?

« On commença à croire, continue le critique, » qu'on n'avait vécu jusqu'alors que sous des lois » tyranniques, et peu s'en fallut qu'on ne regardât » comme des opprimés, tous ceux que la sûreté » publique commandait d'envoyer à l'échafaud, et » même aux galères. »

Cet exposé est encore très-infidèle et peut faire soupçonner un esprit attaché à d'anciens préjugés, et peu zélé pour les progrès de la raison.

C'est la logique qu'ont employée la plupart des écrivains qui ont attaqué l'ouvrage de Beccaria : *Vous vous élevez contre la rigueur des supplices, vous voulez donc que les assassinats demeu-*

rent impunis. Vous ne voulez pas qu'on punisse de mort, dans une servante, le vol d'une serviette, vous voulez donc qu'on laisse les voleurs de grand chemin exercer leurs brigandages impunément. Vous regardez comme iniques et cruelles plusieurs dispositions de notre Code criminel. Vous croyez donc n'avoir vécu jusqu'à présent que sous des lois tyranniques. Il n'est pas nécessaire de faire observer à nos lecteurs le vice palpable de ces raisonnemens.

« Les académies, dit encore le critique, voulu» rent, à leur tour, contribuer à la réforme de la ju» risprudence criminelle. La Société de Berne pro» posa, en 1777, un prix pour un ouvrage sur ce » sujet. Voltaire en fut si enchanté, qu'il aug» menta le prix d'une somme de 1,200 fr., à la» quelle il joignit une brochure intitulée *Prix de* » *justice et d'humanité*, où il se joue, avec sa lé» gèreté ordinaire, de ce sujet si grave et si im» portant. »

Au ton de tout ce paragraphe, on voit que l'auteur trouve mauvais que les Académies et Voltaire aient voulu *contribuer à la défense de la jurisprudence criminelle*, et je demande de quel droit et pour quelle raison il veut leur interdire cette noble occupation. Est-ce que des Académies formées communément des hommes les plus éclairés d'une nation ne peuvent pas, aussi bien qu'un jurisconsulte de profession, reconnaître les vrais principes d'une semblable question, inviter les gens instruits à la traiter d'après un plan bien ordonné, et faire faire, en ce genre, à la raison humaine des progrès qu'elles obtiennent en tant d'autres connaissances utiles?

Que Voltaire ait été enchanté du programme de la société de Berne, et qu'il ait augmenté le prix de ses deniers, c'est un des traits les plus louables de cet homme célèbre, où l'on retrouve cette infatigable activité qui l'a porté toute sa vie à la recherche des vérités utiles, et qui en a fait un instituteur et un bienfaiteur du genre humain, dont le nom ne peut être prononcé qu'avec le sentiment de l'admiration et de la reconnaissance.

Et ces sentimens lui sont dus pour ce même ouvrage, où le critique prétend qu'*il s'est joué, avec sa légèreté ordinaire*, d'un sujet grave et important.

Que veut dire le critique par ce reproche de légèreté? Est-ce qu'un ouvrage peut être taxé de légèreté parce qu'il n'est pas fort étendu ou qu'il n'est pas distribué en livres et en longs chapitres, et qu'il ne forme pas un ou plusieurs gros volumes? C'est par des assertions sans preuves, par des raisonnemens sophistiques, par l'oubli des vrais principes de la question, et en général par le défaut de logique et de raison, qu'un ouvrage est léger; et, d'après cette règle, celui de Voltaire est bien loin de mériter ce reproche.

J'y trouve une énumération assez étendue des

diverses espèces de crimes pour lesquels on peut demander que les peines soient adoucies. L'auteur y parle toujours avec indignation et quelquefois avec le sarcasme dont elle est digne, de cette jurisprudence odieuse qui poursuit des délits imaginaires, créés par l'ignorance et la superstition, et des procès criminels pour des disputes de l'école, que n'entendent ni les disputans ni les juges. On y lit des réflexions très-justes sur la nature et la force des preuves, sur les témoins, sur la nécessité de donner un avocat à l'accusé, appuyées sur des exemples effrayans d'erreurs des juges, sur les prisons et les formes de l'emprisonnement. On y dénonce à l'humanité la torture et ses horreurs, la confiscation et ses pillages, etc. Qu'y a-t-il donc là de futile? Et, quand les formes seraient celles de la plaisanterie, avec ce fond de raison un tel ouvrage peut-il être taxé de légèreté.

En cherchant ce qui a pu lui attirer un tel reproche, on voit que ce sont les plaisanteries dont il est semé, et que M. de Voltaire a coutume de répandre dans les plus sérieuses discussions. On le trouve léger, parce qu'en traitant du crime impossible de sorcellerie, il se moque du parlement de Provence condamnant, en 1730, comme sorcier, le jésuite Girard, et du procès des diables de Loudun, et de l'examen de ces diables par le prêtre de Menardaie; et parce qu'il relève le ridicule et l'absurdité de quelques condamnations célèbres pour fait de sacrilége, des disputes de l'école et de celles des frères mineurs sur la forme de leurs capuchons, et sur la propriété que quelques-uns d'eux prétendaient avoir sur leur soupe avant qu'elle fût mangée, etc. Sortes d'hérésies punies alors par le supplice du feu, etc.

Mais lorsqu'on soutient la cause de la vérité, quel mal y a-t-il de la défendre en se jouant, et quel tort en peut-on faire soit à l'auteur, soit à l'ouvrage? N'est-ce pas une maxime reçue que celle d'Horace,

Ridiculum acri
Fortius ac melius magnas plerumque secat res;

et ne justifie-t-elle pas pleinement celui qui, en traitant les questions les plus graves, combat l'erreur grossière par le ridicule? Ne peut-on pas employer ici contre les détracteurs de Voltaire, la réponse de Pascal à un reproche tout semblable que lui faisaient les Jésuites, de n'avoir pas parlé assez sérieusement de leurs maximes et d'avoir tourné les choses saintes en raillerie, lorsqu'il leur cite ce passage de Tertullien : *rien n'est plus dû à l'erreur que la risée. C'est proprement à la vérité qu'il appartient de rire, parce qu'elle est gaie, et de se jouer de ses ennemis, parce qu'elle est assurée de la victoire.*

Ah! plutôt grâces soient rendues à l'immortel écrivain qui, après avoir obtenu tous les autres genres de gloire que peut donner l'éclat du génie; après avoir élevé une voix éloquente et forte pour les victimes des vices d'une législation imparfaite et d'une jurisprudence tachée de la barbarie des siècles passés; après avoir invoqué pour des familles innocentes, l'autorité des lois contre les surprises de l'erreur, n'a pas dédaigné d'attaquer avec l'arme de la plaisanterie les vices des lois elles-mêmes, sans cesser de respecter l'autorité qui les porte; toujours animé de ce sentiment général d'humanité qui règne dans tous ses ouvrages et leur donne un si grand charme, et qui, comme le dit l'auteur éloquent de l'éloge de ce grand homme prononcé à l'Académie, M. Ducis, supplée aux vices et aux erreurs de lois par cette grande législation de la nature, en mettant la faiblesse et le malheur sous la protection de la pitié.

LETTRE XIV.

Paris, 7 avril 1808.

Votre Excellence pourrait à bon droit me reprocher le long silence que j'ai gardé avec elle, si je n'avais pas à lui en apporter des excuses suffisantes, la faiblesse de mes yeux qui augmente tous les jours, des embarras domestiques, suites de la mort de Chéron, le préfet de Poitiers, et de la situation de ma pauvre nièce sa veuve, demeurée inaccessible à toute espece de consolation, etc.; tout cela considéré, Son Excellence voudra bien pardonner et me faire pardonner mon silence, si je puis croire que mon auguste bienfaiteur s'en est aperçu.

En le rompant enfin je vous dirai la peine que j'ai ressentie du départ de votre reine, qui a laissé ici de vifs regrets à tous ceux qui avaient l'honneur de l'approcher, tant elle montre de grâce et de bonté; mais elle aura plus d'occasions de déployer ces aimables qualités lorsqu'elle remplira sa vocation tout entière. Elle est nécessaire au pays que vous habitez, où elle contribuera puissamment à adoucir le poids de l'autorité et à rapprocher les cœurs et les esprits.

Je vous écris le lendemain de notre séance publique de l'Institut, pour l'ouverture du trimestre auquel préside la 2ᵉ classe, et pour la distribution de nos prix. Comme Andrieux vous enverra sans doute les pièces, je ne préviendrais pas votre jugement si je croyais que vous avez le temps de les lire; mais en supposant que vous ne les lisiez pas, je vous dirai que nous avons donné le prix de l'éloge de Corneille à un discours qui n'est ni composé avec beaucoup de sagesse, ni bien purement écrit, mais qui a de la chaleur et de beaux mouvemens. Il est d'un jeune homme de 23 ans, appelé Victorin Fabre; on l'a préféré par cette raison à un discours d'un M. Auger, homme de mérite, que vous ne connaissez peut-être pas, mais qui a déjà donné de bonnes choses et dont le discours, fort bien composé, fort bien écrit, a paru froid, et auquel par cette raison nous n'avons donné que l'accessit.

Vous verrez par les papiers que, dans la même séance, on a lu un chant du poëme de la Nature de feu Lebrun, qui n'a point encore été imprimé. Je vous dirai, à cette occasion, ce qui s'est passé à l'Académie. J'avais dit, à propos des dispositions qu'on faisait pour l'assemblée publique, qu'il serait à souhaiter qu'après la prose d'un long discours et de quelques extraits de l'accessit, on pût renvoyer les convives sur la bonne bouche, en leur faisant entendre quelques vers, et j'avais ajouté que c'était, pour ceux de nos confrères qui en faisaient de bons, une dette envers le public et envers l'Académie.

Sur cette observation, M. Chénier prend la parole, avec le ton rogue qui lui est habituel, et dit qu'il ne reconnaît point une semblable dette; que tous les membres de la classe ont payé leur dette par les ouvrages qu'ils avaient faits avant d'y entrer, et que, si je ne m'en crois pas quitte, je n'ai qu'à chanter à l'assemblée publique ma chanson de 77 couplets. Pour ne pas interrompre la délibération, je lui ai répliqué qu'il était envers moi bien gratuitement injurieux, que ma proposition n'était pas plus relative à lui qu'au reste de nos confrères, dont aucun ne se tenait offensé; que je n'avais parlé que le langage établi dans l'ancienne Académie, etc.; mais après la séance je me suis approché de lui et je lui ai répété combien il avait été injuste et déraisonnable, etc. Il m'a répondu que je voulais toujours régenter l'Académie. Je lui ai répondu que je ne régentais personne, mais qu'il aurait grand besoin d'être régenté. Ah! reprend-il, ce ne sera pas par vous. Certes, ai-je répliqué, je ne m'en chargerais pas, car vous êtes incorrigible. Tout le monde lui a jeté la pierre, et Ségur et autres l'ont prêché; mais c'est bien peine perdue.

Puisque j'en suis sur l'Académie, je vous conterai une petite mésaventure qui m'est arrivée à la dernière séance. Il était question de donner un sujet de prix pour 1810. J'avais proposé le président

Jacques-Auguste de Thou, l'auteur de l'histoire. J'avais dit qu'il avait été homme public d'un beau caractère; qu'il avait été employé par Charles IX, Henri III et Henri IV; mêlé aux affaires les plus importantes et en relation avec tous les grands personnages de cette époque; employé comme commissaire à la conférence de Fontainebleau, entre le cardinal Duperron pour les Catholiques, et Duplessis-Mornay pour les protestans; que, selon le président Hénault, ce fut lui et Colignon, chancelier de Navarre, qui dressèrent les mémoires sur lesquels fut fait l'édit de Nantes; qu'il fut chargé, avec le cardinal, de réformer l'université de Paris, et de travailler à l'établissement du collège de France, et qu'il remplit ces fonctions avec le zèle d'un homme de bien et la capacité d'un homme habile; qu'il était l'auteur d'un morceau d'histoire universelle modelée sur les meilleurs historiens de l'antiquité, écrite d'un style élégant et pur, et où l'on voit observée la loi prescrite à l'historien de ne rien dire que de vrai, et de ne rien taire de ce qui l'est, etc.

Je pouvais ajouter, que Voltaire, dans son Essai sur l'histoire, suit partout le président dans la partie que celui-ci a traitée; qu'il l'appelle historien éloquent et véridique; que le président Hénault a eu lui-même confiance et qu'il le compte, avec Alciat, Tiraqueau, Dutillet, Cujas, L'Hôpital, etc., parmi les grands hommes qui ont fait du seizième siècle le siècle de la jurisprudence. Voilà certes, assez de titres pour mériter un éloge et pour fournir à un discours une matière abondante et riche.

Mais rien ne tient contre l'esprit de contradiction. G*** et le cardinal Maury se sont élevés l'un après l'autre contre ma proposition, tous deux, en disant que de Thou était un homme subalterne qui n'avait jamais été en première ligne. G*** prétendant que, puisque son histoire était écrite en latin, il ne pouvait pas être l'objet d'un éloge à l'Académie française (quoique L'Hôpital et Catinat, etc. n'aient point été loués pour leurs écrits français), et proposant l'éloge de Labruyère, et Maury voulant l'éloge de Bossuet. En allant aux voix, le sujet de Bossuet a été écarté, et celui de Labruyère adopté. De sorte que l'Académie donne deux ans pour faire un éloge de Labruyère, dans lequel on ne connaît que l'écrivain et l'homme point du tout; sur l'ouvrage duquel on peut faire huit ou dix pages sans plus; qui, d'ailleurs, sont déjà faites parfaitement par Suard, à la tête d'une édition de Labruyère, etc.

Voilà la manière dont nous délibérons et dont nous décidons.

Je ne sais si je vous ai parlé d'une petite querelle que j'ai eue avec un M. Bernardi qui, en faisant, dans les archives littéraires, l'extrait de l'ouvrage d'un M. Bexon, a parlé avec irrévérence de Voltaire et de Beccaria. Je l'ai relevé de sentinelle dans le cahier des archives de février; et comme on m'en a donné quelques exemplaires tirés à part, je vous en envoie deux. Vous et moi, nous avons été les fauteurs de ces deux hérétiques-là, et parbleu je ne les abandonnerai pas en proie à la dévotion politique du jour.

J'ai, pour cela, de nouveaux motifs dans ma nomination au Corps législatif, qui doit s'occuper bientôt du Code criminel. Si, en cette qualité, nous avons un travail véritable à fournir, je regretterai de ne vous voir pas au faubourg Saint-Honoré, où je pourrais aller causer et m'instruire en causant.

Vous avez sûrement été instruit du nouveau plan d'organisation de l'instruction publique. Vous avez su qu'il en a été projeté un grand nombre, ou, pour parler mieux, que les premiers projets ont été modifiés plus ou moins dix à douze à la fois, ce qui est facile à comprendre, vu la difficulté de l'entreprise. Vous avez appris que Fontanes a été fait grand-maître de la nouvelle université. Je vous avoue que je crois que, si le plan est exécutable, c'est par lui ; mais je ne crois guère à la possibilité de l'exécution. Fontanes m'a mis, de son propre mouvement et sans me consulter, sur une liste des premiers conseillers, qui a été et qui est peut-être encore sous les yeux de l'Empereur. Je l'ai prié de m'en retirer, parce que mon âge me met hors d'état de bien remplir cette place, qui demandera beaucoup de travail. L'excédant de fortune et d'aisance que j'aurais en acceptant me touche trop peu pour que je me charge d'un emploi que je ne pourrais remplir. *Solve senescentem*, doit être désormais ma devise. Au reste, l'Empereur est parti pour le midi sans avoir fait encore aucune nomination.

Pendant que Mme de Staël est à Vienne, où elle a, dit-on, des succès merveilleux, son fils aîné, qui est ici à la poursuite de la liquidation des deux millions qu'il réclame, ne réussit pas moins. Il a beaucoup d'esprit, et un sage et excellent esprit. J'en ai entendu hier faire un éloge complet par un de nos grands personnages en éminente dignité, et je l'ai confirmé de mon suffrage sans autorité, mais bien fondé sur ce que je connais du jeune homme.

Nous avons ici Benjamin Constant, qui va lisant une tragédie en cinq actes imitée de Shiller, et dont le sujet est la mort de Walestein. Je n'en sais pas davantage, ne l'ayant pas entendu. Quelques personnes, qui la connaissent, m'ont dit qu'il y a de beaux vers et deux beaux actes ; mais on augure mal de l'effet total.

Nous avons ici, depuis quelques mois, une tragédie d'un autre genre. C'est une brouillerie complète, quoique non encore suivie de séparation, de M. et de Mme de R***. La querelle est publique, etc.

Je ne vous dis pas combien notre littérature est stérile.

Si on en excepte la vie de Fénélon, ouvrage, à mon avis, très-distingué, et dont je crois vous avoir déjà parlé, il ne paraît rien. Dans ma querelle avec

Chénier, nos poëtes de l'Académie ont donné pour motif de leur silence l'insolence des journalistes, qui est en effet bien propre à dégoûter de se faire auteur. Mais cette crainte, qui est excusable dans ceux qui ne font pas de la littérature leur métier, ou dans des vieillards comme moi qui sommes dispensés de cette obligation, comme de tout service militaire, ne l'est pas dans des jeunes gens, ni dans des littérateurs de profession, qui sont faits pour aller à la tranchée. Qui de nous n'a pas fait cette petite guerre? Je ne m'en suis pas trouvé mal, quoique j'ai été fort mal traité par le sieur Geoffroi. Je ris, en pensant qu'après que ce maraud a imprimé dans dix-sept mille feuilles de son journal que j'étais *un malhonnête homme et que j'ai mené une vie méprisable*, je me suis vu appelé par le Sénat, à une grande majorité de suffrages, à une place au Corps législatif. Et je puis dire à ce spadassin littéraire. *Les gens que vous tuez se portent assez bien.*

J'oubliais de vous parler du succès de notre assemblée. Le discours couronné a été fort bien accueilli, ainsi que des fragmens considérables de l'accessit et de deux autres pièces à mention honorable; mais le chant du poëme de la Nature, du satirique Lebrun, intitulé *le Génie*, m'a paru, ainsi qu'à un grand nombre d'auditeurs, un véritable amphigouri à la manière de Collé, ou, si vous voulez, un poëme du genre du père Lemoine, du style le plus boursoufflé, rempli de termes impropres, de figures bizarres, d'expressions forcées, de métaphores extravagantes, etc.; enfin, vraiment détestable; malgré la grande réputation du Pindare français, nommé par décret du Directoire *poëte lauréat* et *le premier poëte du monde*. C'est Ginguené qui est dépositaire de ses restes précieux. En annonçant la lecture qu'on allait faire, on a fait part au public d'un projet d'édition des œuvres de Lebrun, qui contiendrait, a-t-on dit, cinq cents épigrammes, quelques poëmes et deux livres de poésies. A cette annonce de cinq cents épigrammes, il s'est élevé un gros rire de toute l'assemblée, et les cœurs se sont épanouis à la promesse de ce grand festin donné à la malignité humaine. Quant à moi, j'ai été soulagé en me confirmant dans la pensée que, malgré le sel de ses épigrammes, il était un mauvais poëte. Il y a toujours un grand plaisir à reconnaître qu'un homme méchant a moins de talent que l'on ne dit.

Il y a long-temps que je veux vous prier de faire quelque attention aux feuilletons du *Publiciste* signés d'un P... qui signifie Pauline de Meulan (1). Je ne sais si vous avez remarqué la justesse, la fécondité, l'agrément, la finesse de ses observations sur des sujets très-variés. Ce qu'il y a de plus étonnant, ce qui est à la connaissance certaine de Suard et de moi, c'est qu'elle écrit ses articles

(1) Aujourd'hui Mme Guizot. (*Note de l'Éditeur.*)

stans pede in uno du soir au lendemain, sur la demande du rédacteur; qu'elle fait ainsi l'extrait d'une pièce de théâtre dont elle a vu la première représentation la veille, et d'un gros livre qui vient de paraître. J'ajoute, que je ne connais aucun homme de lettres qui ait une littérature plus saine, un meilleur style, et plus d'idées piquantes et neuves.

Il est temps de terminer mon bavardage, vous savez que c'est le défaut des vieillards; et je suis dans tous leurs droits, puisque je suis entré, il y a déjà plus d'un mois, dans ma quatre-vingt-deuxième année, aussi ai-je fait la chanson pour l'anniversaire de ma naissance, tribut que je paie à mes amis tous les ans. Si vous étiez à Paris, je vous la chanterais, les coudes sur la table et le verre à la main; car, à mon âge, on n'est excusable de chanter qu'à ce moment et à cette condition, parce que c'est, selon le précepte d'Horace, *desipere in loco.*

Il faut que je finisse, car, pour vous avoir écrit la minute de ce que je vous ai envoyé, ma vue est horriblement fatiguée.

Je prie Votre Excellence d'agréer mes très-humbles civilités.

MORELLET.

FIN DU SUPPLÉMENT.

www.ingramcontent.com/pod-product-compliance
Ingram Content Group UK Ltd.
Pitfield, Milton Keynes, MK11 3LW, UK
UKHW021052260726
13994UKWH00002B/524

9 782329 444529